小学5年生

社会にぐーんと強くなる

学習指導要領対応

KUMON

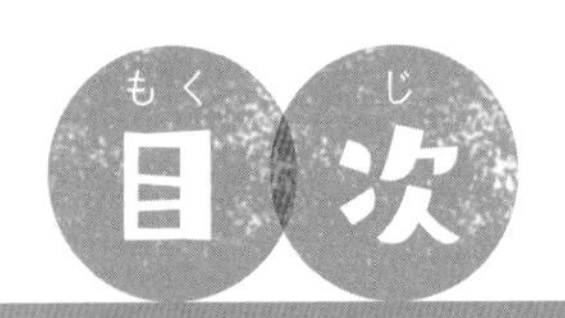

小学5年生

※この本でとりあげている内容には，学校によって学習しないものもふくまれています。
教科書との対応は，「教科書との内容対照表」を参考にしてください。

【写真・資料提供】（順不同，敬称略）
悠工房／トヨタ自動車株式会社／時事通信フォト／ヤンマー株式会社／株式会社木田屋商店／瑞浪市化石博物館／木曽三川公園管理センター／PIXTA

答え➡別冊解答1ペー

1 さまざまな自然とくらし①

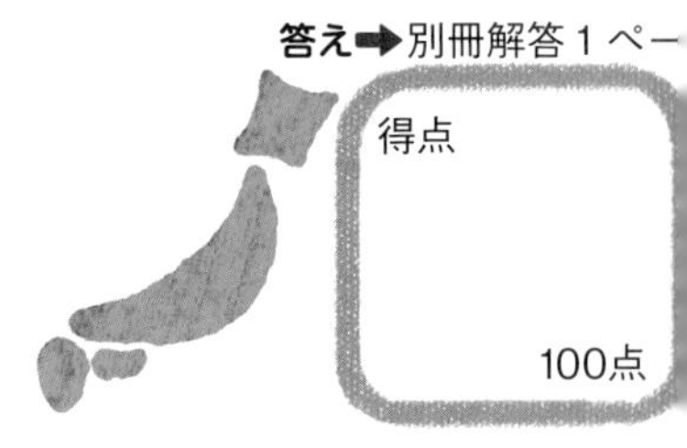

覚えよう　世界の六大陸と三大洋，おもな国

世界には，六大陸と三大洋がある。地球全体では陸より海が広く，約70%が海。

六大陸

- ユーラシア大陸，アフリカ大陸，北アメリカ大陸，南アメリカ大陸，南極大陸，オーストラリア大陸。(大きい順)
  └➡オーストラリア大陸より小さな陸地を「島」という。

三大洋

- 太平洋，大西洋，インド洋。(大きい順)

▲世界の六大陸と三大洋

世界の国々

- 面積の大きい国➡ロシア連邦，カナダ，アメリカ合衆国の順。
- 人口の多い国➡中華人民共和国，インド，アメリカ合衆国の順。
- 国旗は，国のしるしとされ，その国をしょうちょうする旗。日本は「日の丸」。

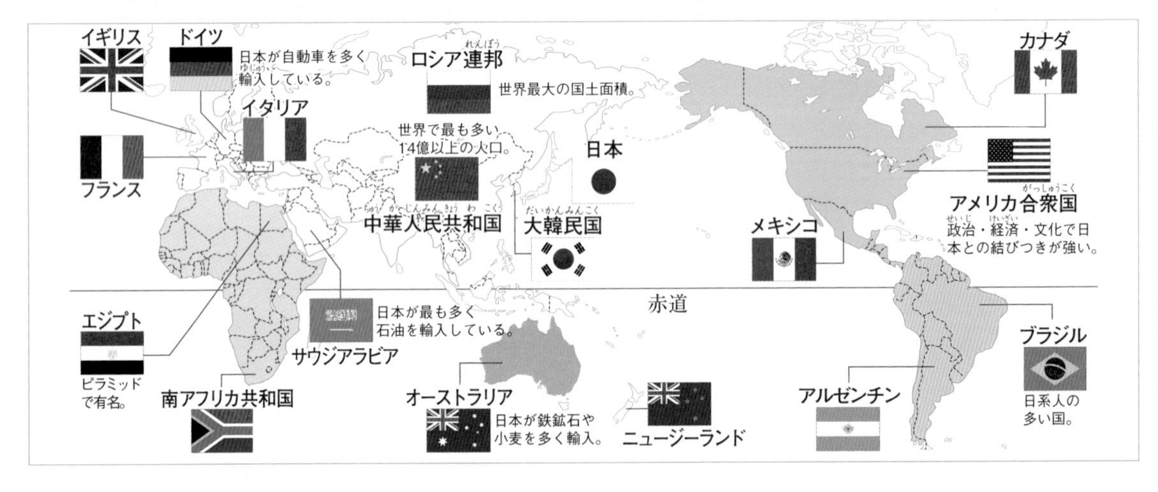

1　次の①～④にあてはまることばを，　　　から選んで書きましょう。

(1つ6点)

① 大陸のうち，最も面積の大きい大陸は何ですか。（　　　　　　　　）

② 大陸のうち，最も面積の小さい大陸は何ですか。（　　　　　　　　）

③ 三大洋のうち，最も大きい海洋は何ですか。（　　　　　　　　）

④ ユーラシア大陸の南に広がる海洋は何ですか。（　　　　　　　　）

北アメリカ大陸　南アメリカ大陸　ユーラシア大陸　アフリカ大陸
オーストラリア大陸　南極大陸　太平洋　大西洋　インド洋

2 右の地図は，六大陸と三大洋を表しています。この地図を見て，あとの問題に答えましょう。

（1つ6点）

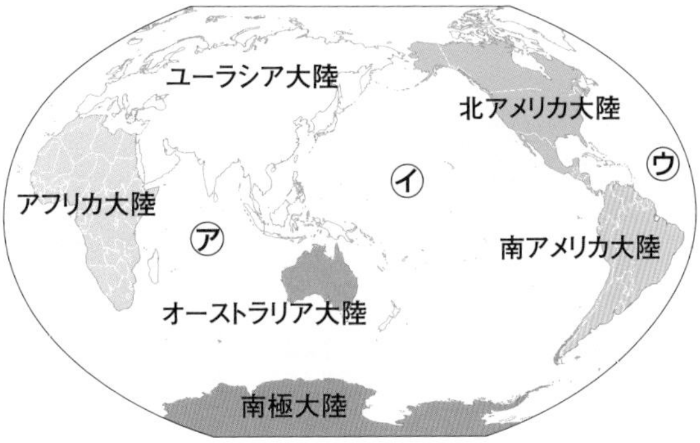

(1) 大陸のうち，日本と最も近い大陸を書きましょう。

（　　　　　　）

(2) ユーラシア大陸と陸でつながっている大陸を書きましょう。

（　　　　　　）

(3) 地図中㋐～㋒の海洋の名前を，次の□から選んで書きましょう。

太平洋　大西洋　インド洋

㋐（　　　　　　）㋑（　　　　　　）

㋒（　　　　　　）

(4) 陸と海の面積を比べると，どちらが広いか書きましょう。（　　　　　　）

3 次の文にあてはまる国名を，地図中から選んで書きましょう。また，その国の国旗を下の㋐～㋔から選び，記号を書きましょう。

（1つ5点）

	国　名	記号
(1) ユーラシア大陸にある国で，世界で最も多い14億人以上がくらしています。	（　　　　）	（　）
(2) アフリカ大陸にある国で，ピラミッドが有名です。	（　　　　）	（　）
(3) 日本と太平洋をはさんだ国で，日本とは政治や産業，文化の面でも深いつながりがあります。	（　　　　）	（　）
(4) 日本の南にある国で，鉄鉱石や小麦などを日本に輸出しています。	（　　　　）	（　）

※色は大陸を表しています。

㋐ 　㋑ 　㋒ 　㋓ 　㋔

答え➡別冊解答１ペー

得点　　　100点

2 さまざまな自然とくらし②

覚えよう　日本の位置とまわりの国々

日本は，ユーラシア大陸の東側と向かい合い，太平洋の西にある。まわりを海に囲まれた島国である。

位置の示し方

世界各地の位置は，**緯度**と**経度**で示すことができる。

- 赤道…緯度が０度の場所を示す。
- 経度…イギリスのロンドン（グリニッジ天文台があった場所）を通る線を０度とし，東西を180度ずつに分けたもの。東側を**東経**，西側を**西経**とよんで数える。

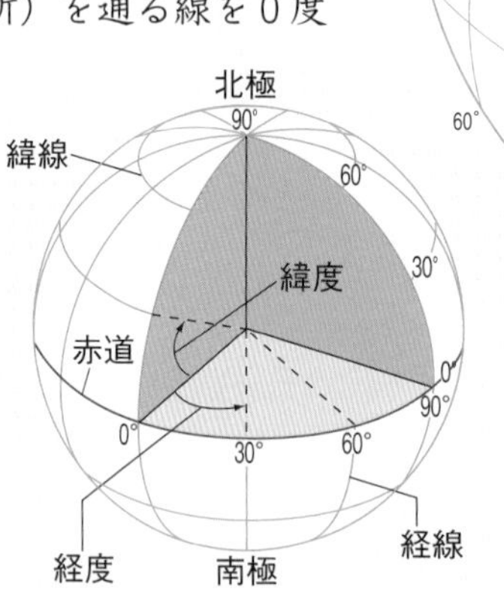

- 緯度…赤道を０度として，南北を90度ずつに分けたもの。北側を**北緯**，南側を**南緯**とよんで数える。

1 右の地図を見て，あとの問題の答えを，　　　から選んで書きましょう。

（１つ６点）

(1) 日本から見て，中華人民共和国はどの方位にありますか。四方位で答えましょう。

（　　　　　）

(2) オーストラリアから見て，日本はどの方位にありますか。四方位で答えましょう。

（　　　　　）

(3) 右の地図の①～③にあてはまることばをそれぞれ書きましょう。

①（　　　　　）②（　　　　　）
③（　　　　　）

東　西　南　北　緯線　赤道　経線

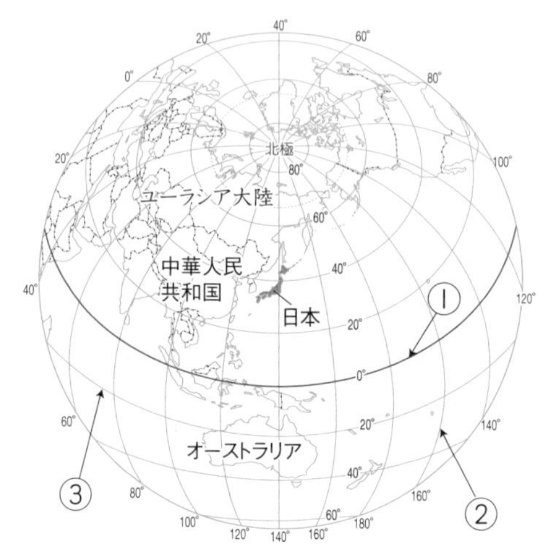

2 右の地図を見て，あとの問題に答えましょう。

（1つ5点）

(1) 地図中のⓐ～ⓕにあてはまる国名やことばを，から選んで書きましょう。

ⓐ（　　　　　　　　　　）

ⓘ（　　　　　　　　　　）

ⓤ（　　　　　　　　　　）

ⓔ（　　　　　　　　　　）

ⓞ（　　　　　　　　　　）

ⓚ（　　　　　　　　　　）

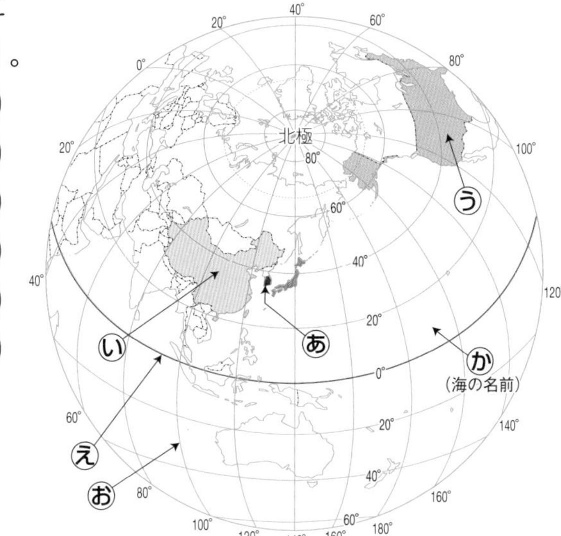

アメリカ合衆国（がっしゅうこく）　中華人民共和国

大韓民国（だいかんみんこく）　オーストラリア　赤道

経線　太平洋　大西洋

(2) 地図中のⓔの線より北の緯度を何とよんで数えますか。（　　　　　　）

3 次の文章を読んで，あとの問題に答えましょう。

（1つ7点）

日本は，赤道よりも北で，ユーラシア大陸の東，（　①　）の西にあります。まわりを海に囲（かこ）まれ，近くには，（　②　），中華人民共和国，朝鮮民主主義人民共和国（ちょうせんみんしゅしゅぎじんみんきょうわこく），ロシア連邦（れんぽう）などがあります。

(1) 文章中と地図中の(①)，(②)にあてはまる，海洋名や国名を書きましょう。

①（　　　　　　　　　　）

②（　　　　　　　　　　）

(2) ②の国から見て，日本はどの方位にありますか。四方位で答えましょう。

（　　　　　　）

(3) 赤道と平行に引かれている，同じ緯度を結んだ線を何といいますか。

（　　　　　　）

(4) 経線は，イギリスのロンドンの，グリニッジ天文台があった場所を通る線を0度としています。ここよりも東側の経度を何とよんで数えますか。

（　　　　　　）

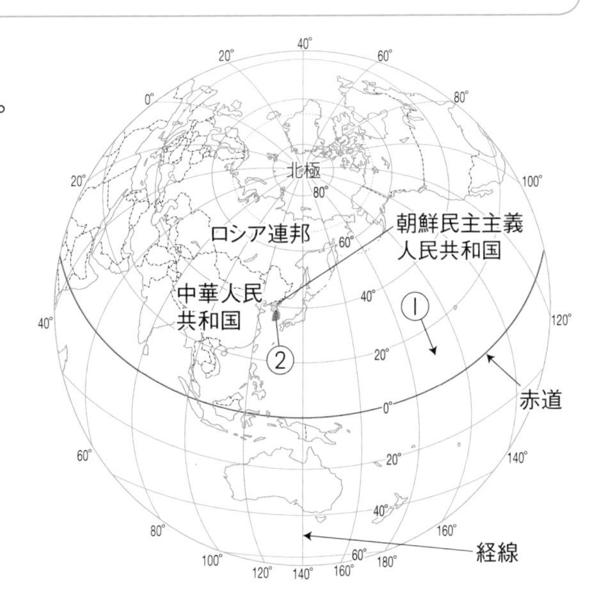

答え➡別冊解答1ペー

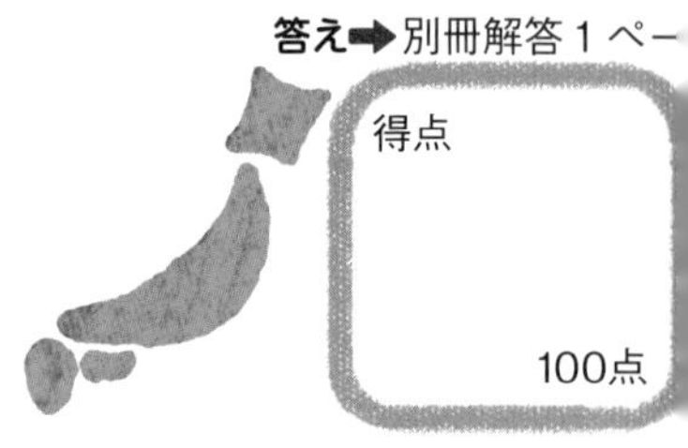

3 さまざまな自然とくらし③

覚えよう　日本のはんい

日本のはんいと国土

日本は，およそ**北緯20～45度**，**東経123～154度**のはんいにある。その陸地と陸地に囲まれた湖などを**領土**という。

- 日本は，海に囲まれ，**北海道**，**本州**，**四国**，**九州**の4つの大きな島と，およそ7000の島々からなっている。
- 日本の北のはし（→択捉島）から西のはし（→与那国島）までは，およそ3300km，北のはしから南のはし（→沖ノ鳥島）まではおよそ3000kmある。
- 国土の面積は，約38万km²（北方領土をふくむ）。

領土をめぐる問題

- **北方領土**（**択捉島**，**国後島**，**色丹島**，**歯舞群島**）は，日本固有の領土だが，太平洋戦争のあとにソビエト連邦に占領された。ソビエト連邦のあと，ロシア連邦になってからも不法に占領されているため，日本政府は引き続き，北方領土を返すようにうったえている。
- 島根県の**竹島**は，日本の固有の領土だが，韓国も固有の領土と主張し，不法に占領している。日本政府は韓国に対しくり返し抗議している。
- **尖閣諸島**は，日本の固有の領土だが，中国が自国の領土であると主張している。日本政府は現在も日本が有効に支配する固有の領土であり，領土問題は存在しないとしている。

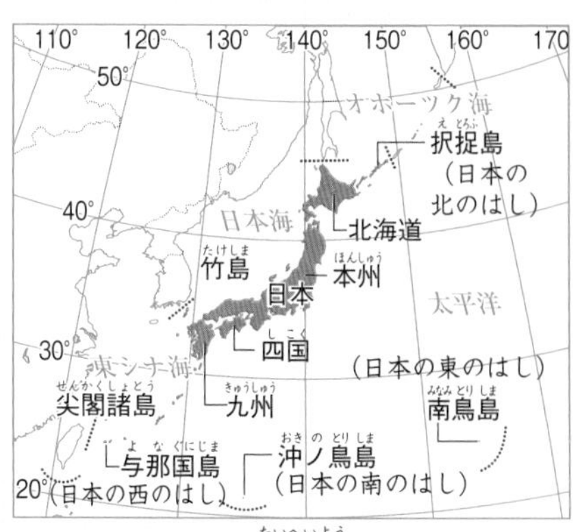

▲日本のはんい　太平洋をはじめ，オホーツク海，日本海，東シナ海に囲まれている。

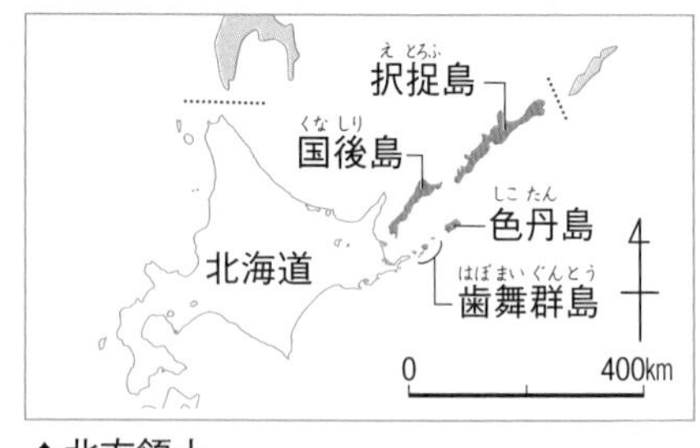

▲北方領土

1 右の地図を見て，あとの問題に答えましょう。

（1つ5点）

(1) 日本の国土のうち，最も大きな島は何ですか。
（　　　　　　　）

(2) 日本のまわりの海のうち，日本の東側にある海は何ですか。（　　　　　　　）

(3) 地図中のあの島々は，何とよばれていますか。
（　　　　　　　）

(4) 日本の東，南，西のはしにあたる島の名前を，地図中からそれぞれ選んで書きましょう。

東のはし（　　　　　島）南のはし（　　　　　島）西のはし（　　　　　島）

2 右の地図中の㋐～㋓の島の名前と，㋔・㋕の海洋名を，　　　から選んで書きましょう。

（1つ5点）

㋐（　　　　　　　　　　）
㋑（　　　　　　　　　　）
㋒（　　　　　　　　　　）
㋓（　　　　　　　　　　）
㋔（　　　　　　　　　　）
㋕（　　　　　　　　　　）

日本海　太平洋　与那国島（よなぐにじま）
沖ノ鳥島（おきのとりしま）　択捉島（えとろふ）　南鳥島（みなみとりしま）

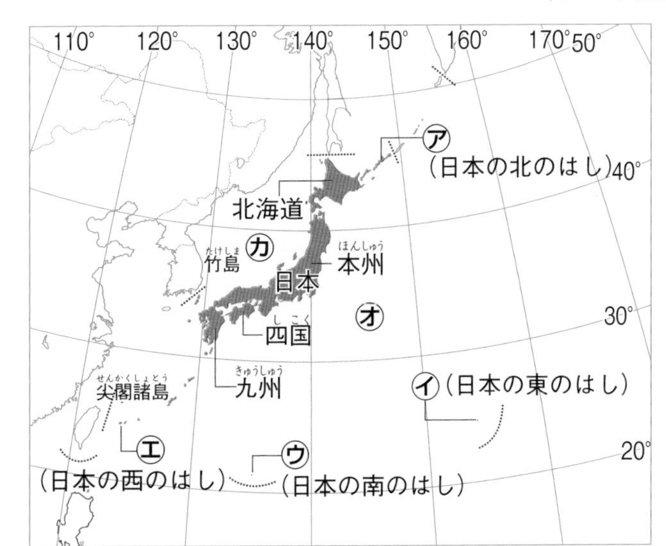

3 次の文章を読んで，あとの問題に答えましょう。

（(4)は1つ3点，ほかは1つ4点）

日本は，およそ北緯（ほくい）20～45度，東経（とうけい）123～154度のはんいにあり，Ⓐ北のはしからⒷ西のはしまではおよそ3300kmあります。国土は，Ⓒ4つの大きな島と，およそ7000の小さな島々からなっていて，面積は，およそ38万km²です。また，まわりをⒹ4つの海に囲（かこ）まれています。

(1)　下線部Ⓐ，Ⓑにあてはまる島の名前を，　　　から選んで書きましょう。

Ⓐ（　　　　　　　）Ⓑ（　　　　　　　）

択捉島　南鳥島　沖ノ鳥島　与那国島

(2)　下線部Ⓐの島とそのまわりの島々は，日本の固有の領土（りょうど）ですが，現在（げんざい），ある国に返してもらうよう働きかけています。この領土を何といいますか。また，どこの国に働きかけていますか。領土（　　　　　　　）国（　　　　　　　）

(3)　下線部Ⓒの4つの大きな島の中で，最も大きな島は本州です。残りの3つの島の名前を書きましょう。

（　　　　　　）（　　　　　　）（　　　　　　）

(4)　下線部Ⓓの4つの海の名前を書きましょう。

㋐　北海道の北側にある海　（　　　　　　　）
㋑　関東（かんとう）平野が面している海　（　　　　　　　）
㋒　新潟県が面している海　（　　　　　　　）
㋓　日本の南西にある海　（　　　　　　　）

答え➡別冊解答２ページ

得点　　100点

4 さまざまな自然とくらし④

覚えよう　日本の地形

山地のようす

- 国土の**約4分の3**は**山**の地形。
- 北海道から九州にかけて，中央部に**山脈**・**山地**が連なる。
  ➡特に，本州の中央部は3000m級の山々が連なり，中でも，**飛騨山脈**・**木曽山脈**・**赤石山脈**は，**「日本の屋根」（日本アルプス）**とよばれる。
- 日本の山には**火山**もある。

平地のようす

- 平地は**平野**，**盆地**，**台地**からなる。
  ➡人々は平地に多く住んでいる。
- 平野の多くは，川ぞいや海に面したところにある。

川・湖・海のようす

- **川**…外国の川と比べて，**長さが短く**，**流れが急**である。
- **湖**…山地にも平地にもある。
- **海岸線**…ふくざつに入り組んだ海岸がある。

▼日本のおもな地形

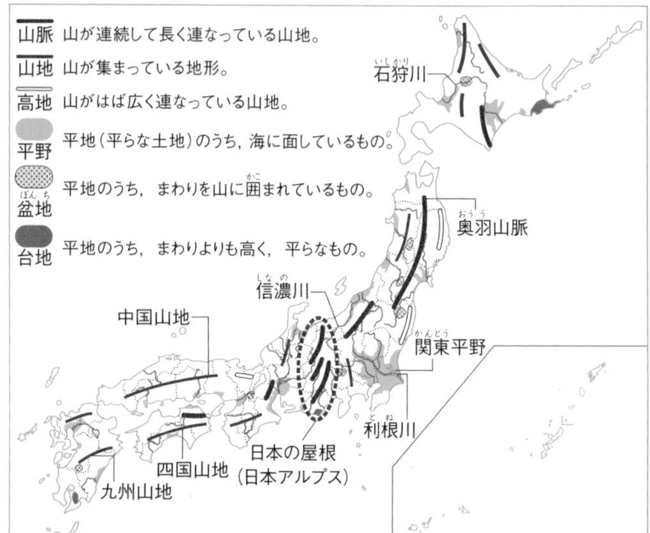

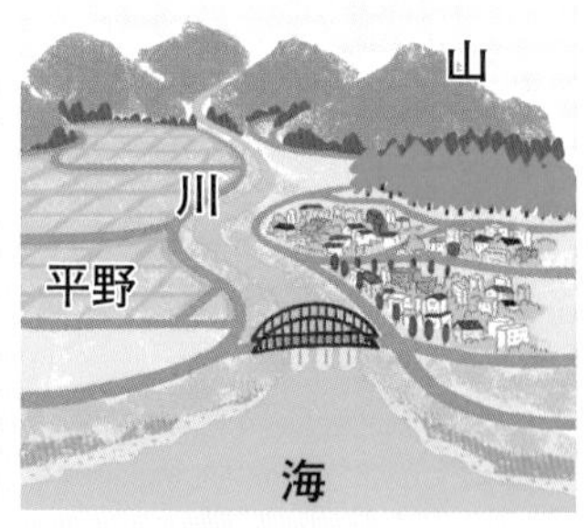

▲日本の地形のもしき図

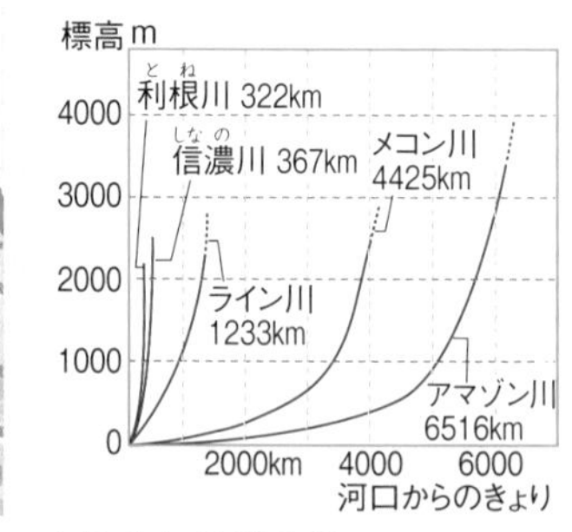

▲日本と世界の川

1 右の地図を見て，あとの問題に答えましょう。（１つ７点）

(1) 日本は，平地と山の地形ではどちらが多いですか。　(　　　　　)

(2) 山の地形のうち，山が連続して長く連なっている山地を何といいますか。　(　　　　　)

(3) 右の地図中のあ～うから，日本の屋根とよばれているところを１つ選んで，記号を書きましょう。　(　　)

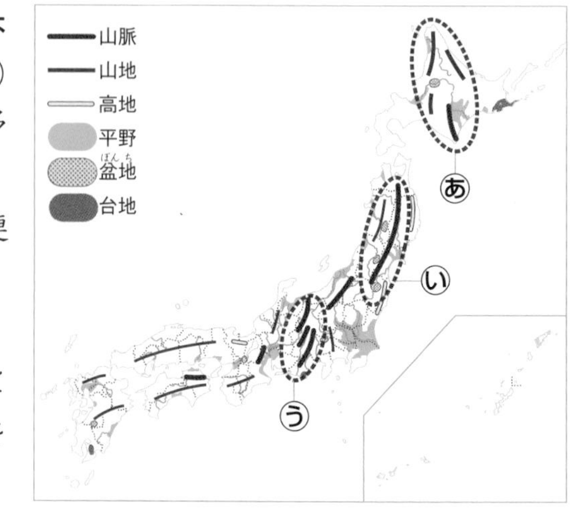

2 右の地図やグラフを見て，あとの問題に答えましょう。

（1つ5点）

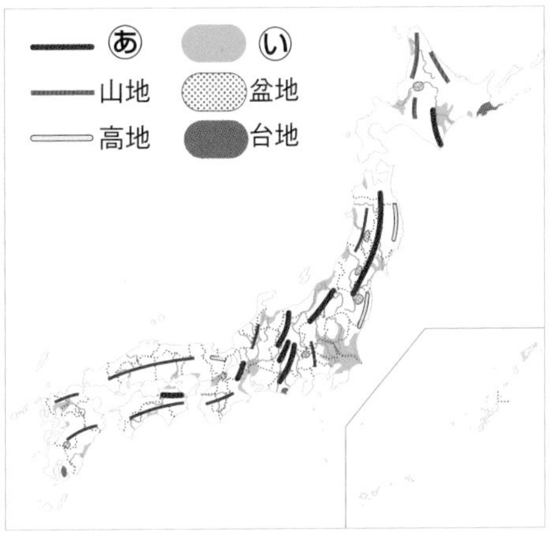

(1) 地図中のあ，いは，それぞれ山脈と平野のどちらですか。

あ（　　　　　）い（　　　　　）

(2) 山の地形は，日本の国土のどのくらいをしめていますか。（　）に書きましょう。

山の地形は，日本の国土の，
（　約　　　分の　　　）を
しめている。

(3) 平地で，まわりを山に囲(かこ)まれているところを何といいますか。　　から1つ選んで書きましょう。

平野　　盆地(ぼんち)　　台地

（　　　　　）

(4) 右のグラフを見て，日本の川の特ちょうを，　　から2つ選んで書きましょう。

（　　　　　）（　　　　　）

流れが急　　流れがゆるやか　　長い　　短い

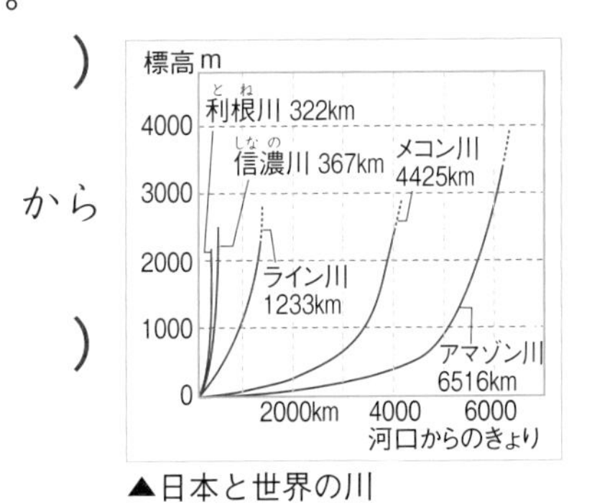

▲日本と世界の川

3 次の文章を読んで，あとの問題に答えましょう。

（1つ7点）

Ⓐ日本の国土の約（　①　）分の（　②　）は山の地形で，北海道から九州(きゅうしゅう)にかけての中央部には，山脈が連なっています。このうち，本州(ほんしゅう)の中央部には3000m級の山々が連なる日本アルプスがあり，（　③　）ともよばれています。また，山が多いことから，Ⓑ川も多く流れています。

(1) 文中の（①），（②）にあてはまる数字を書きましょう。①（　　）②（　　）

(2) 下線部Ⓐについて，山の地形以外の土地を何といいますか。（　　　　　）

(3) (2)のうち，海に面したところを何といいますか。　　から選んで書きましょう。

（　　　　　）

平野　　盆地　　台地

(4) （③）にあてはまることばを書きましょう。（　　　　　）

(5) 下線部Ⓑについて，次の文の①，②の（　）にあてはまることばを書きましょう。

日本の川は，外国の川に比(くら)べて，長さが①（　　　　　），
流れが②（　　　　　）である。

5 さまざまな自然とくらし⑤

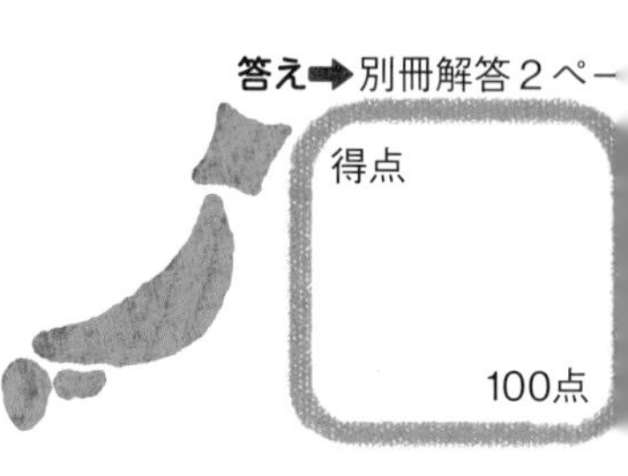

覚えよう　高原の自然とくらし(例：群馬県嬬恋村)

嬬恋村は，標高1000m以上の場所もある高原で，夏でもすずしい。

嬬恋村の自然と特ちょう

- 嬬恋村は，2000mをこえる山々に囲まれたふもとの，広い高原の村。
- 火山灰が積もった土地で，作物のさいばいがむずかしいあれ地だった。開たく団が努力して畑を増やしていった。
- 豊かな自然にめぐまれている。

高原
・長野県野辺山高原
・群馬県嬬恋村

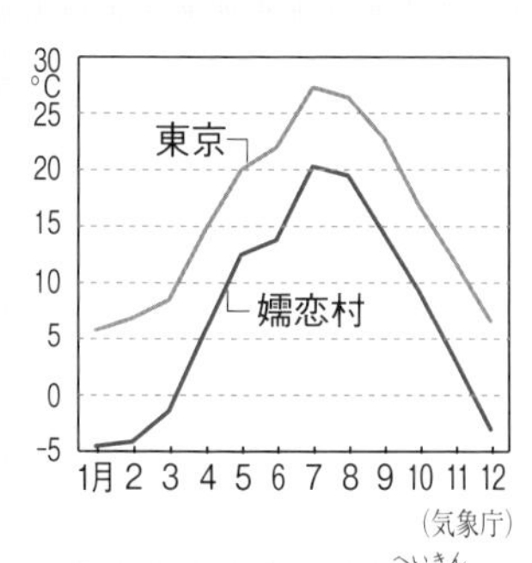

▲嬬恋村と東京の月別平均気温

嬬恋村の産業とくらし

- 夏でもすずしい気候と火山灰地に適した高原野菜づくりがさかん。
  ➡キャベツ，レタス，はくさい
  - 7月から10月にかけて，しゅうかくした野菜を東京や横浜，大阪，名古屋などの**大都市を中心に出荷**している。（→この時期は，平地でしゅうかくが少なくなるため，よいねだんで売れる。）
  - 野辺山高原のキャベツさいばいを学び，高原を開たくした。
- **観光業がさかん**…豊かな自然を求めて多くの人がおとずれる。
  ➡夏はハイキングやキャンプ。冬はスキーやスノーボード。
  ➡火山の近くなので温泉が多い。

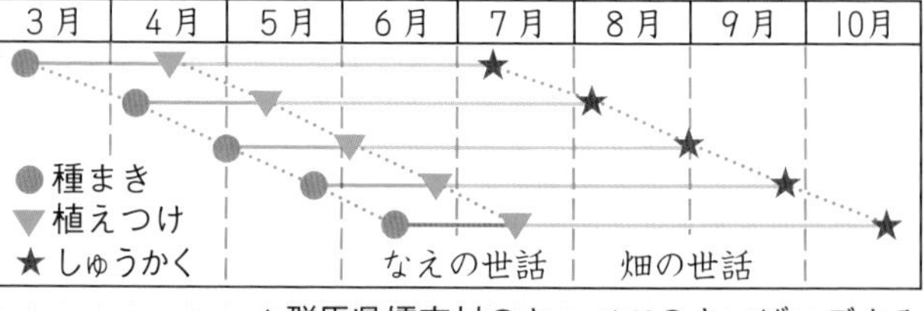

▲群馬県嬬恋村のキャベツのさいばいごよみ

嬬恋村は，夏もすずしい気候のため，しゅんの時期(キャベツは冬や春)をずらす，よく成さいばいに向いている。

1 次の文中の(　)にあてはまることばを，　　から選んで書きましょう。

(1つ7点)

(1) 嬬恋村は，2000mをこえる山に囲まれた，(　　　　　　　　)が積もった高原で，土地はやせています。

(2) 嬬恋村の毎月の平均気温は，東京より(　　　　　　　　)。

(3) 嬬恋村はあれた土地だったため，(　　　　　　　　)の人たちが山すその木を切りたおすなど，努力して畑をつくりました。

(4) 嬬恋村では，夏はハイキングやキャンプ，冬はスキーなどの(　　　　　　　　)がさかんで，一年を通して多くの人がおとずれます。

高い　　低い　　高原　　火山灰　　観光業　　開たく団

2 嬬恋村のキャベツさいばいについて，あとの問題に答えましょう。

（1つ8点）

(1) 次の文の(　)にあてはまることばを，　　　から選んで書きましょう。

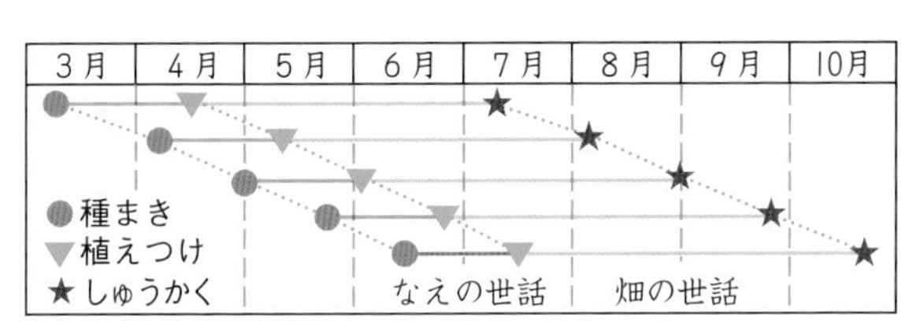

▲群馬県嬬恋村のキャベツのさいばいごよみ

① 標高1000mをこえる嬬恋村の気候は，夏でも(　　　　　　　)。

② 高原の広い土地を利用した畑では，キャベツなどの(　　　　　　　)野菜のさいばいがさかん。

③ 7月から10月にかけてしゅうかくされたキャベツは，東京や横浜(よこはま)，大阪，名古屋(なごや)などの(　　　　　　　)を中心に全国に出荷(しゅっか)されている。

④ 平地でしゅうかくが少ない時期に出荷するため，よい(　　　　　　　)で売れる。

大都市　　すずしい　　火山灰　　高原　　ねだん

(2) 嬬恋村の人たちがキャベツさいばいを学んだのは，気候や土地が同じような高原からです。何という高原からですか。　(　　　　　　　高原)

3 次の文章を読んで，あとの問題に答えましょう。

（1つ8点）

嬬恋村で農業がさかんになったのは，①山の木を切りたおし，くわとシャベルで根をほり起こすなどした人たちの努力と，②自然を生かすくふうをしたためです。また，豊かな自然にめぐまれている嬬恋村では(　㋐　)もさかんです。夏にはハイキングやキャンプ，冬にはスキー，近くに火山があるので(　㋑　)も多く，一年を通しておおぜいの人がおとずれます。

(1) 下線部①の人たちを何といいますか。　(　　　　　　　)

(2) 下線部②のくふうとは何ですか。　　　から選んで書きましょう。
(　　　　　　　)

冬でもあたたかい気候を利用した。　　夏でもすずしい気候を利用した。

(3) 文中の(㋐)，(㋑)にあてはまるものを，　　　から選んで書きましょう。
㋐(　　　　　　　)　㋑(　　　　　　　)

火山灰地　　温泉(おんせん)　　ビニールハウスさいばい　　観光業　　林業

答え➡別冊解答２ペー

得点　　100点

6 さまざまな自然とくらし⑥

覚えよう　山地の自然とくらし（例：徳島県三好市東祖谷地区）

山地の自然と特ちょう

- まわりは急なしゃ面で，森林に囲まれている。
  ➡地図で見ると等高線の間かくがせまい。
- 平地が少ないため，石積みとよばれる石垣で平らな場所をつくり，畑にした。
- 水を得にくいため，遠くにある**わき水**をホースなどで引いてくる。

山地のくらし

- すずしい気候と，地形に適した農業。
  ➡**そば**，こんにゃく，ごうしいも（じゃがいもの一種），きゅうり，茶のさいばい。
- **林業**がさかんだったが，外国から安い木材が入ってきて，林業をする人が減った。
- わかい人が少なくなり，高れい者のわりあいが増えている。
- 出かけられないお年寄りのために，移動はん売車が曜日を決めてやってくる。
- めずらしい集落のつくられかたや，かずら橋を見るために，おとずれる人も多い。

▼徳島県東祖谷地区の土地のようす

東祖谷地区では，道路ができるまでは，山の上の道やかずら橋（かずらという「つる植物」のくきを使ってつくる橋。）がおもな交通路だったが，車の通る道路ができて便利になった。それまでは，ほとんどの荷物は人の手で運んでいた。

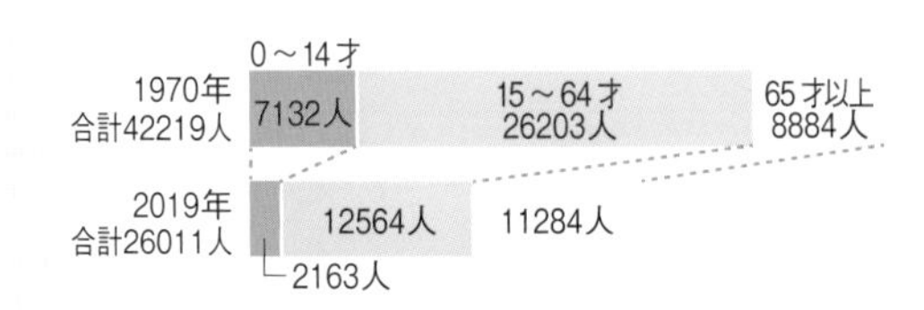

（三好市資料をもとに作成）

▲三好市の人口の変化

1 次の文中の（　）にあてはまることばを，［　］から選んで書きましょう。（１つ7点）

(1) 山地では，住たく地のまわりのほとんどが（　　　　　）に囲まれていて，平らな場所は少ししかありません。

(2) 急なしゃ面に石垣を組んで平らな場所をつくり，そこを（　　　　　）にして作物をつくりました。

(3) 水を得にくい山地では，遠くにある（　　　　　）をホースなどで引いてきています。

(4) 山地では，外国から安い木材が入ってくるまでは（　　　　　）がさかんでした。

わき水　高れい者　畑　林業　森林

2 右の東祖谷地区の地図を見て，あとの問題に答えましょう。

（1つ８点）

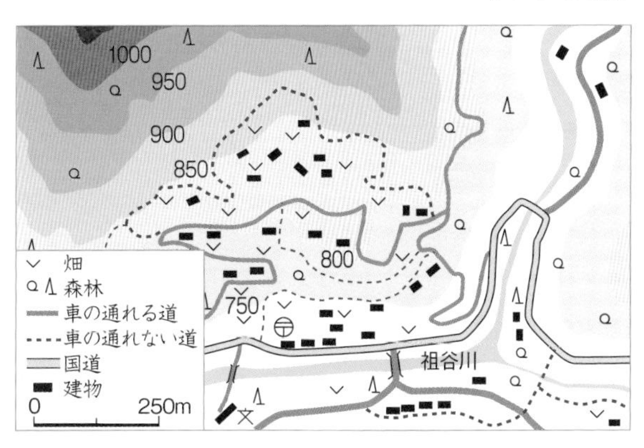

(1) ∨の地図記号のあるところでさいばいされている作物を，　　　から２つ選んで書きましょう。

（　　　　　　　）
（　　　　　　　）

みかん　　そば　　米　　こんにゃく

(2) 次の文の（　）にあてはまることばを，　　　から選んで書きましょう。

① 急しゃ面が多いため，（　　　　　　　）とよばれる石垣をつくって平らな場所をつくり畑にした。

② 東祖谷地区は森林に囲まれていて，家は山のしゃ面（　　　　　　　）。

にもたてられている　　にはたてられていない　　石積み　　取水口

3 次の文章を読んで，あとの問題に答えましょう。

（1つ８点）

山地では，道路ができるまでは山の上の道や（　①　）がおもな交通路で，ほとんどの荷物を（　②　）で運んでいました。Ⓐ道路ができて便利になりましたが，それまでさかんだった（　③　）をする人が減り，Ⓑわかい人の数も年々減っています。しかし，おいしいわき水を求めてくる人や，今ではめずらしくなった（　①　）や自然を見にくる人が多いです。

(1) 文中の（①）～（③）にあてはまることばを，　　　から選んで書きましょう。

①（　　　　　　　）②（　　　　　　　）③（　　　　　　　）

林業　　国道　　かずら橋　　人の手　　トロッコ

(2) 下線部Ⓐの道路ができてから，買い物に出かけられないお年寄りのために曜日を決めてやってくるようになったものは何ですか。（　　　　　　　）

(3) 下線部Ⓑの結果，山地のまちはどうなりましたか。あてはまるものを，　　　から選んで書きましょう。（　　　　　　　）

小さな子どもの数が増えた。　　高れい者のわりあいが増えた。　　高れい者の数が減った。

答え➡別冊解答２ペー

得点

100点

7 さまざまな自然とくらし⑦

覚えよう　低い土地の自然とくらし（例：岐阜県海津市）

岐阜県海津市は，揖斐川・長良川・木曽川という３つの**大きな川の下流**にある。

▲水屋は今ではほとんど見られない

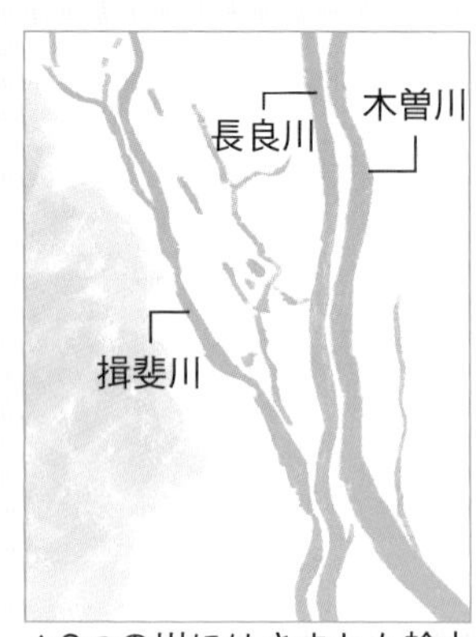

▲3つの川にはさまれた輪中

海津市の自然と特ちょう

- ３つの川にはさまれた海津市の多くは**海面より低く**，まわりを堤防で囲まれている。
  ➡堤防に囲まれたこの一帯の土地を**輪中**とよぶ。
- 川に囲まれているため，以前はこう水などの**水害**が起きやすかった。
  ➡くらしを守るため，石垣を積み上げて住居よりも高いところに，**水屋**とよばれる家族のひなん場所をつくった。
  ➡明治時代に，大きぼな治水工事を行い，３つの川の流れを分けた。
- 台風のときなどは，輪中の内側に水がたまる。
  ➡大きな排水機場をつくり，水を外に出すようにした。

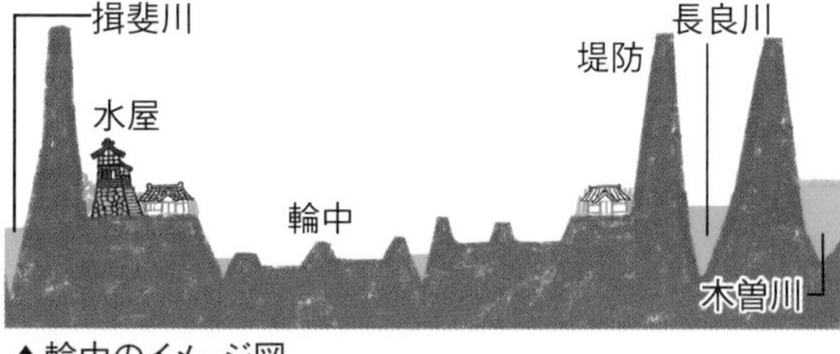

▲輪中のイメージ図

海津市の産業とくらし

- 豊かな水を利用した**米づくり（稲作）**がさかん。
- 田の間の水路のうめ立て工事後，農業機械が使えるようになった。
  ➡農作物の種類が増えた。
- 水を利用した公園などのレクリエーションしせつを建設した。

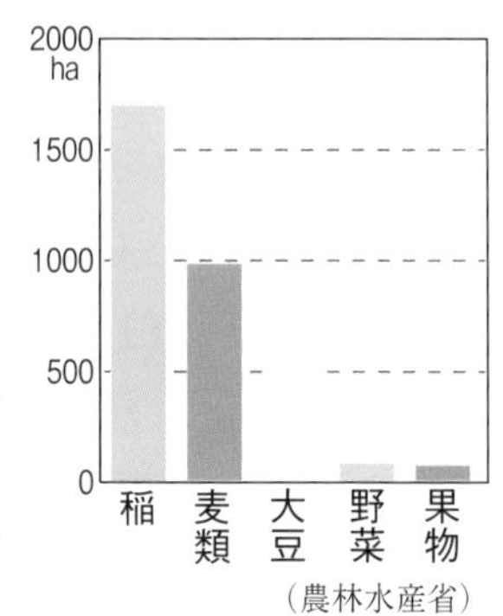

（農林水産省）
▲海津市のおもな農産物の作付面積

1 次の文中の（　）にあてはまることばを，　　　から選んで書きましょう。

（１つ10点）

(1) 岐阜県海津市は，揖斐川・（　　　　　　）・木曽川という３つの大きな川に囲まれています。

(2) 海津市の土地は堤防に囲まれていますが，このような土地を（　　　　　　）といいます。

信濃川　長良川　平野　輪中

2 海津市のようすや産業について，次の問題に答えましょう。

（1つ10点）

(1) 右の写真は海津市に見られた特ちょうある建物です。

① この建物を何というか，書きましょう。

（　　　　　　）

② この建物は，何に使われるか，［　　］から選んで書きましょう。

（　　　　　　）

住たく　　車こ　　ひなん場所

(2) 以前の海津市では，台風や大雨がくると水が大量にたまってしまいました。これを防(ふせ)ぐために，大きぼなしせつが建設(けんせつ)されました。そのしせつは何か，［　　］から選んで書きましょう。

（　　　　　　）

排水(はいすい)機場　　ダム　　浄水(じょうすい)場

2000 ha
1500
1000
500
0
Ⓐ　麦類　大豆　野菜　果物
（農林水産省）

(3) 右のグラフは，海津市の農産物の作付面積を示(しめ)しています。Ⓐにあてはまる農産物は何か，書きましょう。

（　　　　　　）

3 次の文章を読んで，あとの問題に答えましょう。

（1つ10点）

岐阜県の海津市には①「輪中」とよばれる地いきを見ることができます。ここの土地の多くは，（ ㋐ ）より低く，揖斐川・（ ㋑ ）・長良川の３つの大きな川に囲まれており，水田などより川のほうが高いために，（ ㋒ ）が起きやすい土地でした。人々はくらしを守るために，川の流れを変える工事を行ったり，水を流しだすしせつを建設したりして災害(さいがい)からくらしを守ってきました。

(1) 文中の㋐・㋒にあてはまることばを，［　　］から選んで書きましょう。

㋐（　　　　　　）㋒（　　　　　　）

高地　　海面　　なだれ　　こう水

(2) 文中の㋑にあてはまる川の名を書きましょう。

（　　　　　　）

(3) 下線部①の輪中とはどんなところですか。［　　］から選んで書きましょう。

（　　　　　　）

堤防に囲まれた低地　　山に囲まれた平地

答え➡別冊解答3ペー

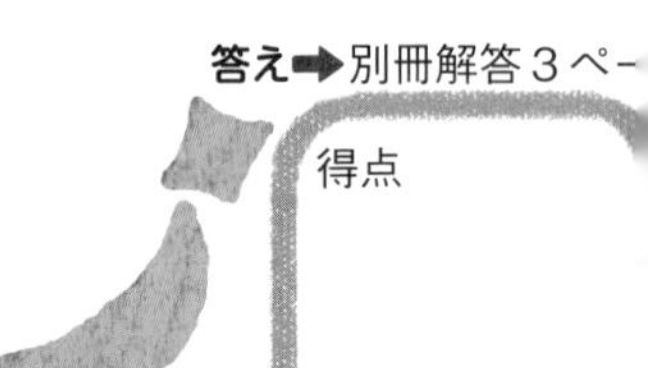

8 さまざまな自然とくらし⑧

覚えよう　日本の気候のようす

日本の気候の特ちょう

- 日本は**四季**（春・夏・秋・冬）がはっきりしている。
- 気温は平均するとあたたかいが，日本の国土は，**南北に細長い**ため，北と南の気温差が大きい。
  ➡地域によって季節が変化する時期がちがう。
- **5月から7月にかけて**，北海道以外の地域で**梅雨**がある。
  ➡くもりや雨の日が多くなる。
- **夏から秋には**，**台風**が多い。
  （台風：強い風と雨をともなう）
  ➡梅雨や台風は，水のめぐみをもたらすが，ときにはこう水や土砂くずれなどの**自然災害**をひき起こす。
- 冬は日本の北西から，夏は南東から季節風がふく。そのため，太平洋側と日本海側とで，降水量の多い季節にちがいがある。
  （降水量：地面に落ちた雨や雪の量）

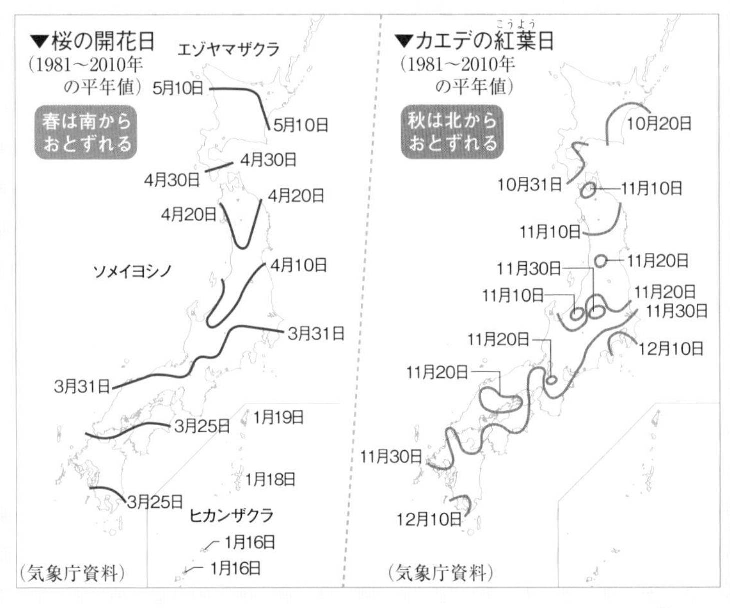

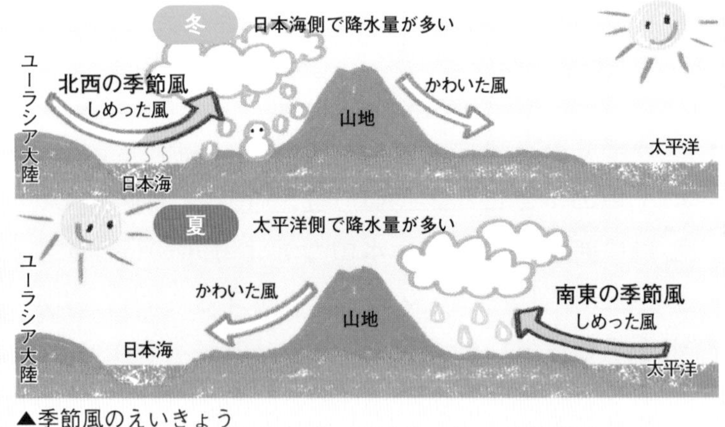

▲季節風のえいきょう

1　次の①～④の（　）にあてはまることばを，　　　から選んで書きましょう。

（1つ8点）

① 日本は南北に細長いため，北と南の気温差が（　　　　　　）。

② 冬の季節風がふくと，太平洋側では（　　　　　　）の日が多くなる。

③ 夏の季節風がふくと，太平洋側では（　　　　　　）の日が多くなる。

④ 5月～7月に，北海道以外では，雨やくもりがつづく（　　　　　　）になる。

大きい　　小さい　　晴れ　　雨　　台風　　梅雨

2 右の季節風のようすを表した図とグラフを見て，あとの問題に答えましょう。

（1つ8点）

(1) Ⓐ，Ⓑの図はそれぞれ春，夏，秋，冬のうち，いつの季節を表していますか。

Ⓐ（　　　　）
Ⓑ（　　　　）

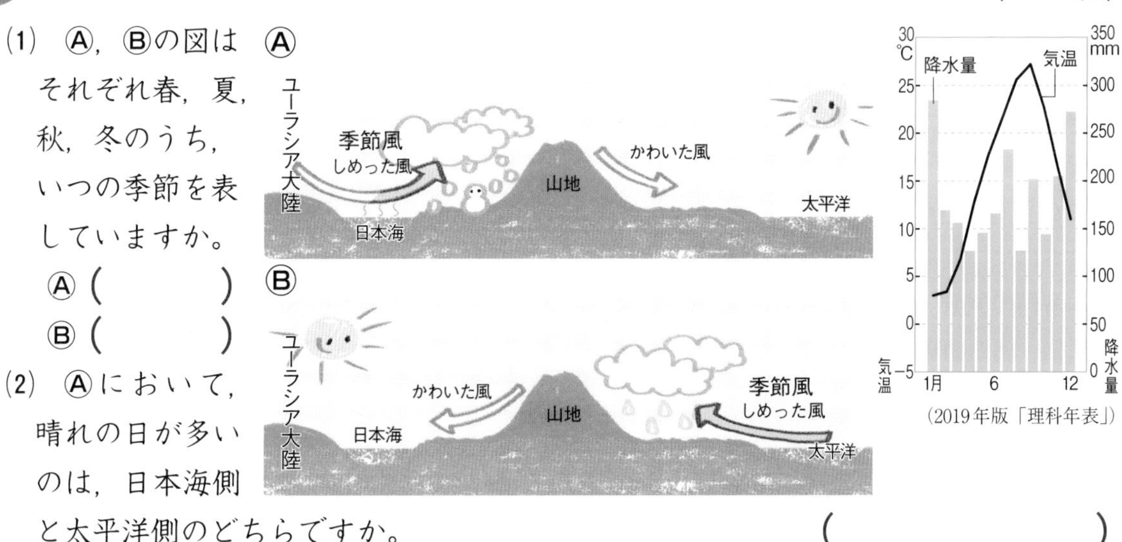

（2019年版「理科年表」）

(2) Ⓐにおいて，晴れの日が多いのは，日本海側と太平洋側のどちらですか。（　　　　）

(3) 右のグラフは，ある都市の1年間の気温と降水量（こうすいりょう）を表したものです。グラフでは1月と12月に降水量が増（ふ）えています。日本海側と太平洋側のどちらの都市のものですか。（　　　　）

3 次の文章を読んで，あとの問題に答えましょう。

（1つ6点）

日本は四季がはっきりしていて，季節が変化します。しかし，国土が（ ① ）に細長いため，地域（ちいき）によって季節のおとずれる時期がちがいます。また，Ⓐ北海道から九州（きゅうしゅう）にかけての中央部には山脈（さんみゃく）が連なっています。この山脈に，（ ② ）がぶつかることから，Ⓑ日本海側と太平洋側では，夏と冬の降水量に大きなちがいがあります。

(1) 夏から秋にかけて日本に近づき，強い風と雨をともなうものを何といいますか。
（　　　　）

(2) 文中の（①），（②）にあてはまることばを書きましょう。
①（　　　　）　②（　　　　）

(3) 下線部Ⓐの北海道以外の地域で，5月から7月にかけて，くもりや雨の日が多くなる時期を何といいますか。（　　　　）

(4) 下線部Ⓑについて，次の㋐，㋑の文は，日本海側と太平洋側の，どちらの地域についてのことですか。

㋐ 夏は南東からしめった風がふき，雨が多くふるが，冬はかわいた風がふき，晴れの日が多い。（　　　　側）

㋑ 冬は北西からしめった風がふき，雨や雪が多くふるが，夏はかわいた風がふき，晴れの日が多い。（　　　　側）

答え➡別冊解答３ペー

得点

100点

9 さまざまな自然とくらし⑨

覚えよう 日本の気候区分

６つの気候区分

日本には，北海道の気候，太平洋側の気候，日本海側の気候，中央高地の気候，瀬戸内海の気候，南西諸島の気候の６つの気候がある。

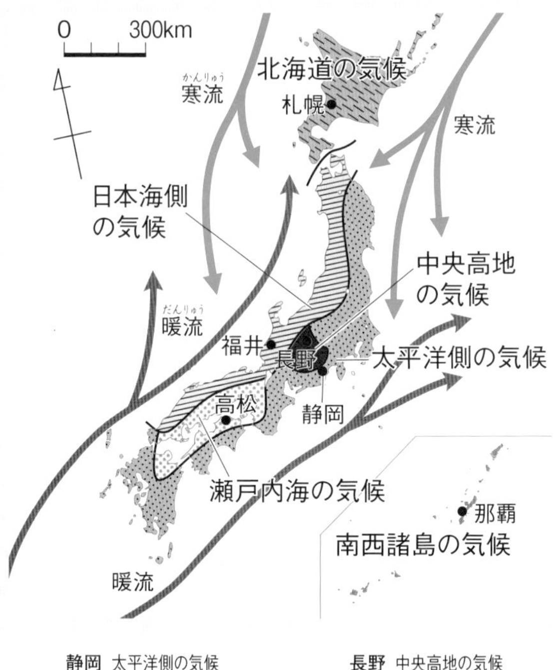

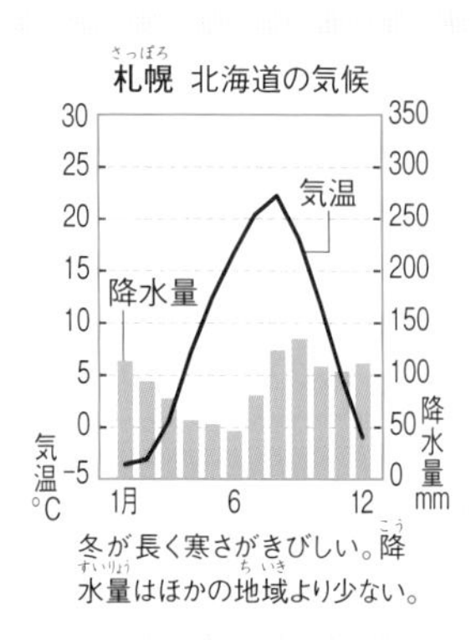

冬が長く寒さがきびしい。降水量はほかの地域より少ない。

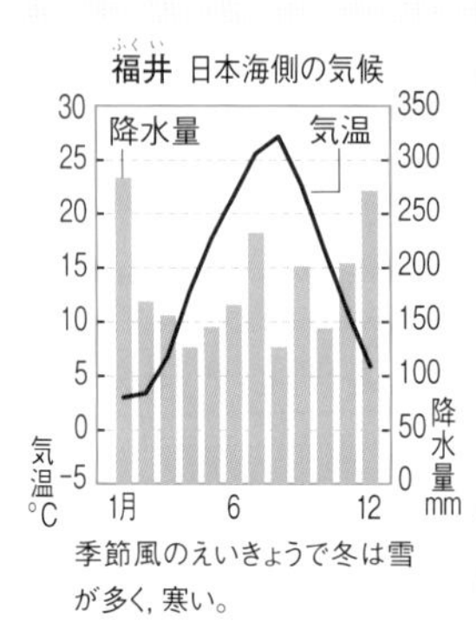

季節風のえいきょうで冬は雪が多く，寒い。

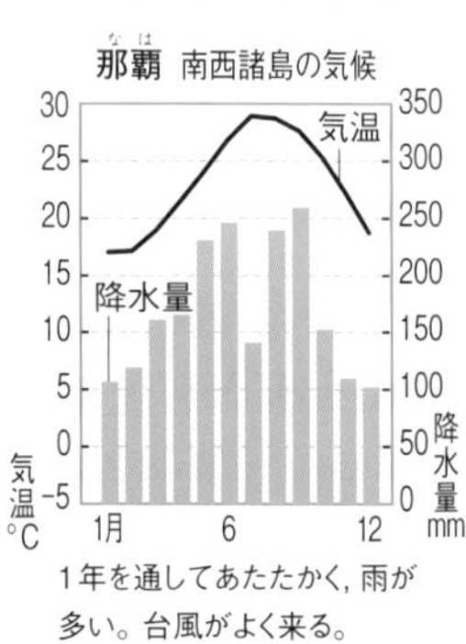

１年を通してあたたかく，雨が多い。台風がよく来る。

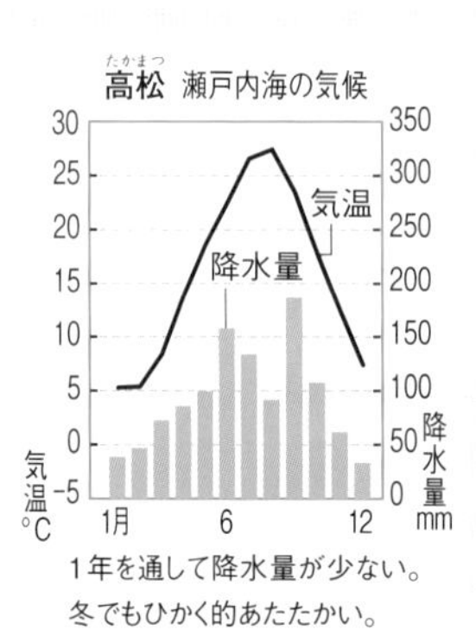

１年を通して降水量が少ない。冬でもひかく的あたたかい。

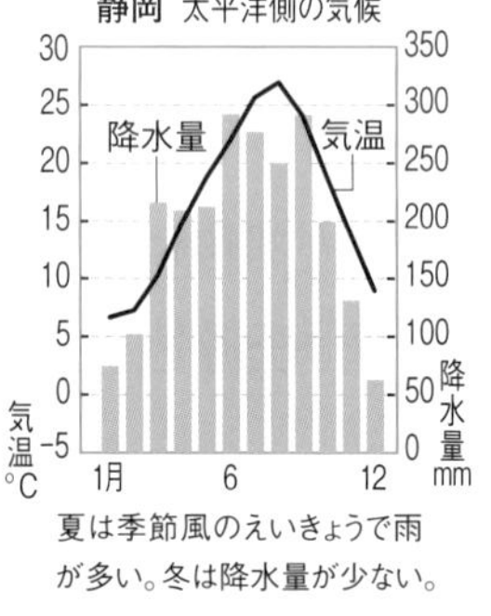

夏は季節風のえいきょうで雨が多い。冬は降水量が少ない。

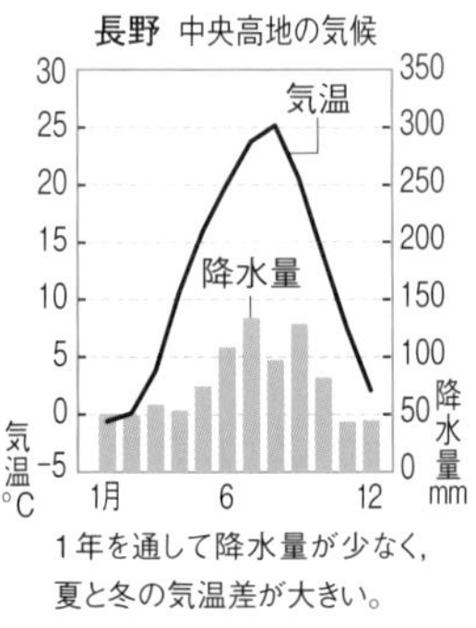

１年を通して降水量が少なく，夏と冬の気温差が大きい。

（2019年版「理科年表」）

1 右の地図中のあ～かは，日本の6つの気候区分を表しています。それぞれにあてはまる気候区の名前を，［　　］から選んで書きましょう。（１つ５点）

あ（　　　　　　）の気候
い（　　　　　　）の気候
う（　　　　　　）の気候
え（　　　　　　）の気候
お（　　　　　　）の気候
か（　　　　　　）の気候

北海道	太平洋側
中央高地	日本海側
瀬戸内海	南西諸島

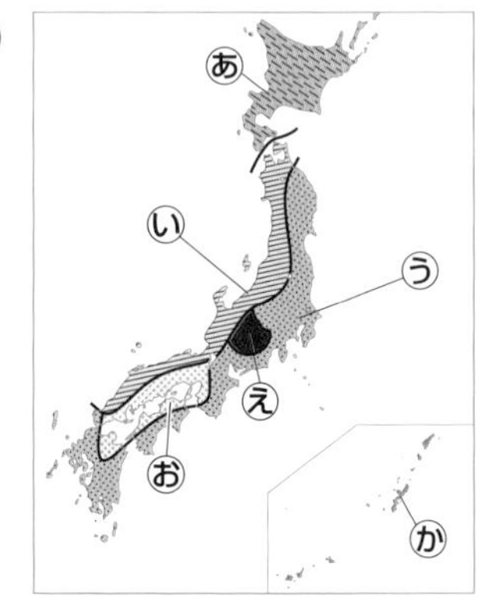

2 次のⒶ～Ⓕのグラフは，それぞれどの気候区のものですか。（　）に書きましょう。

（１つ５点）

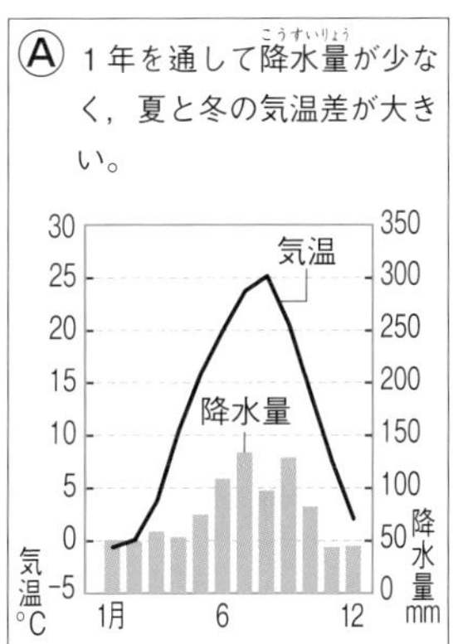

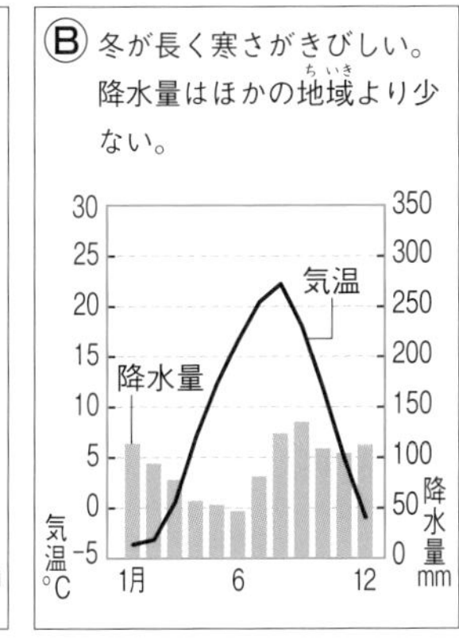

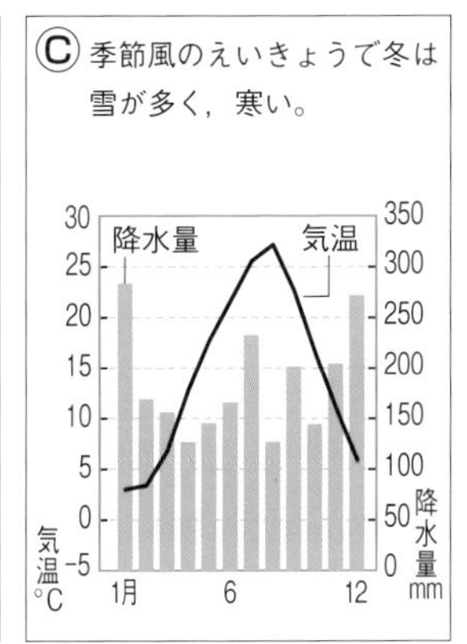

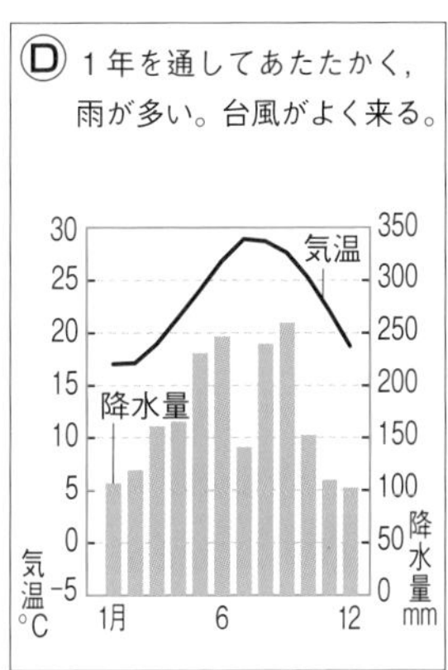

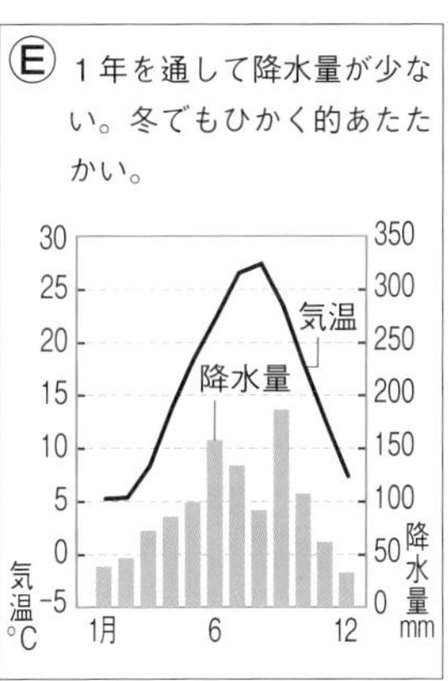

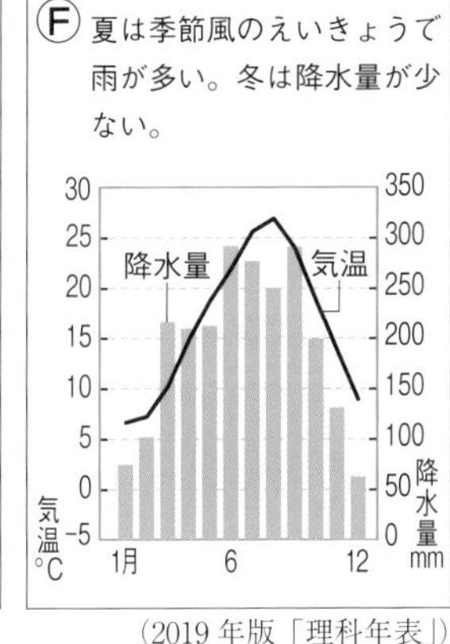

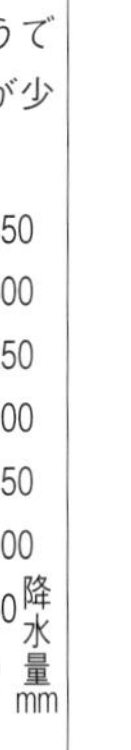

（2019年版「理科年表」）

Ⓐ（　　　　　　　　　　）

Ⓑ（　　　　　　　　　　）

Ⓒ（　　　　　　　　　　）

Ⓓ（　　　　　　　　　　）

Ⓔ（　　　　　　　　　　）

Ⓕ（　　　　　　　　　　）

3 右の地図を見て，あとの問題に答えましょう。

（１つ５点）

(1) 次の①～③の文が説明している気候区を，地図中のあ～かから選び，その気候区の名前も書きましょう。

① １年を通して降水量(こうすいりょう)が少なく，冬でもひかく的あたたかい。

記号（　　）気候区（　　　　　　）

② １年を通してあたたかく，台風が多い。

記号（　　）気候区（　　　　　　）

③ 冬が長くて，寒さがきびしい。降水量は少ない。

記号（　　）気候区（　　　　　　）

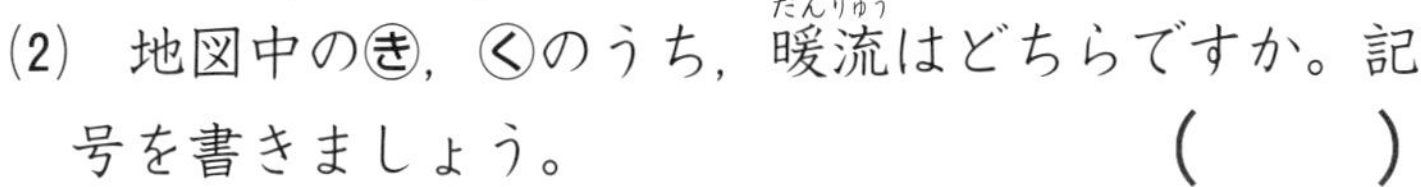

(2) 地図中のき，くのうち，暖流(だんりゅう)はどちらですか。記号を書きましょう。（　　）

(3) 季節風のえいきょうで，夏は降水量が多いが冬に降水量が少なくなる地域はどこですか。気候区の名前を書きましょう。（　　　　　　）

10 さまざまな自然とくらし⑩

答え➡別冊解答３ペー

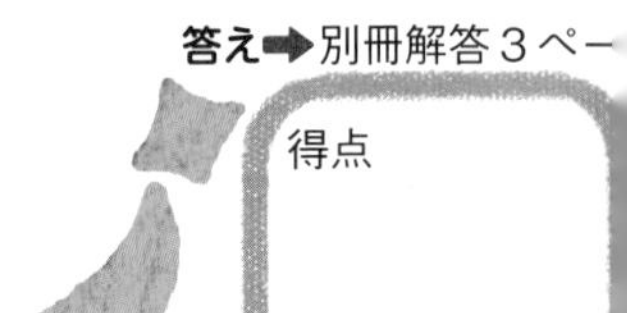

覚えよう　あたたかい土地の自然とくらし

沖縄県の位置

- 沖縄県は日本の南西に位置し，石垣島，西表島，竹富島など，多くの島々からなる。最大の島は那覇市のある沖縄島。八重山地方の与那国島は，日本の西のはし。

▲沖縄県の位置

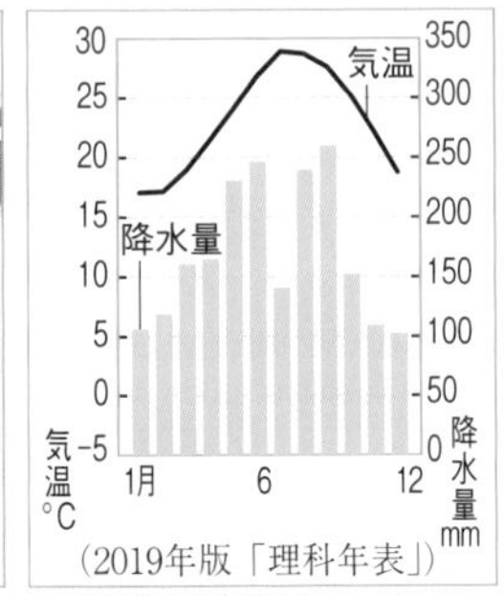

▲沖縄県那覇市の降水量と月別平均気温

沖縄県の気候

- １年を通して気温が高く，冬でも10度を下回ることはほとんどない。
- 梅雨があり，さらに**台風**がよく通るので，雨が多い。
  ➡広い森林が少なく，川が短い。雨がふってもすぐに海に流れてしまうため，貯水タンクを利用している。

沖縄島の土地利用

- 沖縄県最大の島，沖縄島ではアメリカの軍用地が，市街地全体より大きなわりあいをしめている。

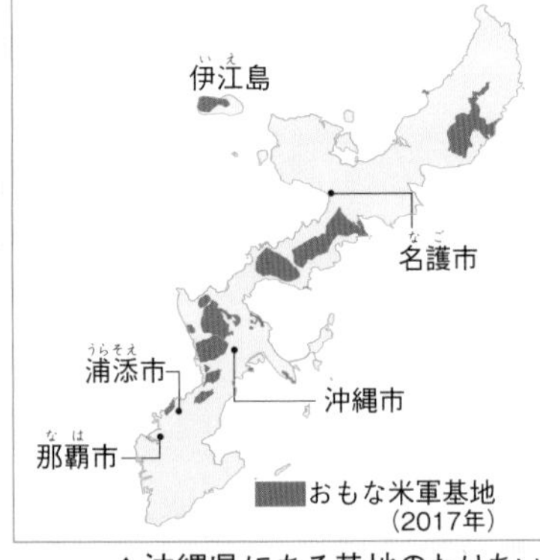

▲沖縄県にある基地のわりあい
（沖縄県資料など）

沖縄県のくらし

- 家づくりのくふう…**台風**，**暑さ**，**水不足**に備えたくふうがされている。

▲沖縄県の伝統的な家
└今ではほとんど見られない。

▲沖縄県の現在の家

1 次の①，②は，沖縄県について書かれた文です。（　）にあてはまることばを，□から選んで書きましょう。（１つ10点）

①　日本の南西にあり，最大の島の（　　　　　）をはじめ，多くの島々からなる。

②　１年を通して気温が高く，（　　　　　）がよく通る。

沖縄島　石垣島　与那国島　沖ノ鳥島　季節風　台風

2 右のⒶは沖縄県の伝統的な家，Ⓑは沖縄県の現在の家のようすです。これらの図を見て，あとの問題に答えましょう。

（1つ8点）

(1) Ⓐの家の台風に備えたくふうを，絵の中のあ～うから１つ選んで，記号を書きましょう。また，その名前も書きましょう。

記号（　　　）

名前（　　　　　　）

(2) Ⓐの家の暑さに備えたくふうを，　　から選んで書きましょう。

（　　　　　　）

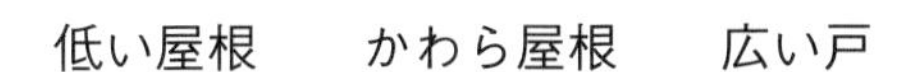
低い屋根　　かわら屋根　　広い戸

(3) Ⓐ，Ⓑの家の水不足に備えたくふうを，それぞれあ～おから選んで記号を書きましょう。

Ⓐの家（　　　）Ⓑの家（　　　）

3 右のグラフは，沖縄県那覇市の月別平均気温と降水量を表したものです。これを見て，あとの問題に答えましょう。

（1つ8点）

(1) 那覇市がある沖縄県で，最も大きな島の名前を書きましょう。（　　　　　島）

(2) ５月から９月にかけて降水量が多い理由として，何が考えられますか。２つ書きましょう。

（　　　　　　）（　　　　　　）

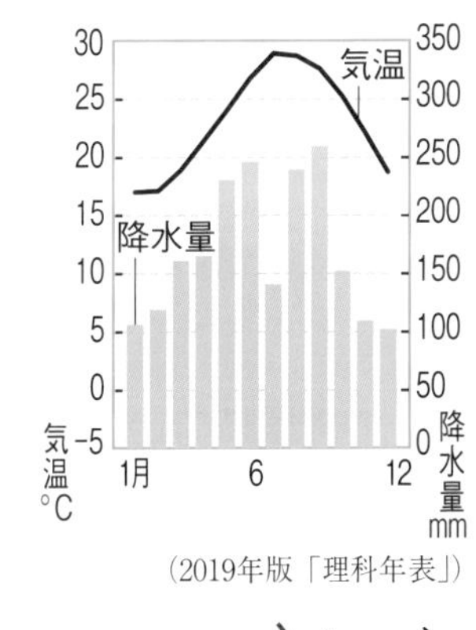

(2019年版「理科年表」)

(3) 沖縄県は，降水量が多いのに，水不足になやんでいます。その理由として正しい文になるよう，次の文の（　）にあてはまることばを，　　から選んで書きましょう。

［森林が少なく，川が短いので，（　　　　　　　　　　）ため。］

雨がすぐにじょう発してしまう　　土地が水をたくわえられない

(4) 沖縄県の現在の家の，水不足に備えたくふうを，　　から選んで書きましょう。

（　　　　　　）

石垣　　貯水タンク　　広い戸

答え➡別冊解答３ページ

11 さまざまな自然とくらし⑪

得点
100点

覚えよう　あたたかい土地の産業

沖縄県の産業

自然を生かした**農業**や**観光業**がさかん。

- **農業**…あたたかい気候を生かした農作物づくり。
  - さとうきび，パイナップル，マンゴー
  - **野菜や花**…県外での生産が減る冬に出荷している。

➡時期をずらして出荷すると高く売れる。
➡航空機で東京や大阪などに出荷している。

- **農業のなやみ**
  - **出荷先が遠い**…輸送費がかかる。
  - **耕地がせまい**…アメリカの軍用地が多く農地が少ない。
- **観光業**…豊かな自然や独特の文化を求めて，多くの人がおとずれる。
  （文化➡長い時間をかけて作られた習慣やくらし方）
  - **豊かな自然**…美しい海や特有の動植物などにめぐまれている。
  - **独特の文化**…食事や服そう，祭りなどは，中国や東南アジアのえいきょうを受けている。首里城など**琉球王国**の史せきが残る。
- **観光業のなやみと願い**
  - 開発で，山をけずって出る赤土が海へ流れ，海をよごしている。

➡美しい自然を守りながら，観光業をはじめとした産業をさかんにしたい。

▲沖縄県の農業産出額　（単位：億円）
（農林水産省資料など）

沖縄の歴史と基地問題

- 昔は琉球王国とよばれ，中国や東南アジアなどとも貿易をしていた。
  ➡独特の文化が発達した。
- 太平洋戦争で，戦場となり，多くのぎせい者が出た。
  ➡戦後，アメリカに占領された。
- 1972年に日本に返されたが，アメリカとの取り決めで，アメリカ軍基地が今も多く残されている。
  ➡そう音や事故などになやまされている。

1 沖縄県について書かれた次の文中の（　）にあてはまることばを，［　］から選んで書きましょう。　（１つ８点）

(1)　あたたかい気候を生かしたパイナップルや（　　　　　）の生産がさかん。

(2)　花や野菜は（　　　　　）で東京や大阪に出荷している。

(3)　農業のなやみとして，出荷先が遠いことや，（　　　　　）軍の基地が多く，耕地がせまいことなどがある。

(4)　昔は（　　　　　）とよばれ，中国や東南アジアと貿易を行っていた。

(5)　豊かな自然や独特の文化をもっており，（　　　　　）がさかんである。

航空機　観光業　工業　アメリカ　琉球王国　さとうきび　りんご

2 右の図を見て，あとの問題に答えましょう。

（１つ５点）

(1) 右の図のⒶとⒷにあてはまる農作物を から選んで書きましょう。

Ⓐ（　　　　　　）Ⓑ（　　　　　　）

とうもろこし　パイナップル　きく　さくら

(2) 沖縄の気候について（　）にあてはまることばを書きましょう。

〔冬も沖縄は（　　　　　　）気候です。〕

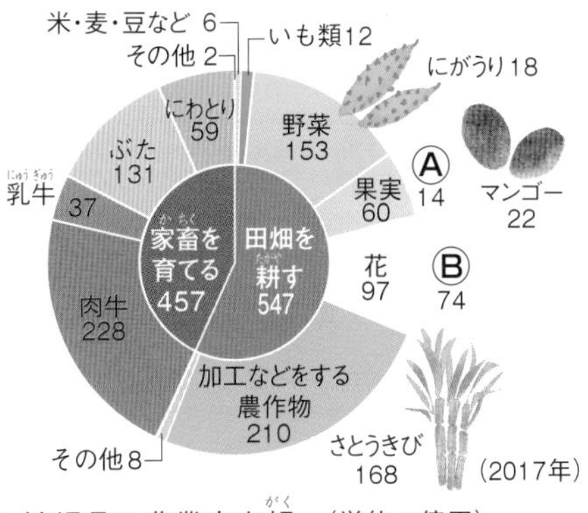

(3) 沖縄の農家のなやみとして，基地が多く農地が少ないことがあげられます。そのほかにも，基地があるため，人々の問題になっていることは何ですか。次の文の（　）にあてはまることばを， から選んで書きましょう。

〔軍用機などの（　　　　　　　　　　）が問題になっている。〕

生産に時間がかかること　輸出が減ること　そう音や事故

▲沖縄県の農業産出額　（単位：億円）

（農林水産省資料など）

3 次の文章を読んで，あとの問題に答えましょう。

（１つ８点）

> 沖縄は，昔は（　※　）とよばれ，中国や東南アジアなどと貿易をし，独特の文化を発達させてきました。現在の沖縄では，あたたかい気候を生かした農作物づくりが行われています。また，Ⓐ豊かな自然を求めて，多くの人々がおとずれています。その一方，Ⓑ開発が進んで自然環境をこわす問題も起こっています。

(1) 文中の（※）にあてはまることばを書きましょう。（　　　　　　）

(2) 沖縄県の農業の問題点を， から２つ選んで書きましょう。

（　　　　　　　　）（　　　　　　　　）

耕地がせまい。　耕地が広すぎる。　出荷先が遠い。　寒さで作物が育たない。

(3) 下線部Ⓐの豊かな自然を求めて，多くの人々がおとずれていることから，沖縄でさかんな産業は何ですか。（　　　　　　業）

(4) 下線部Ⓑの問題について，次の文の（　）にあてはまることばを， から選んで書きましょう。

〔開発のために山をけずって出た（　　　　　　）が海に流れこみ，海がよごれる。〕

うね　赤土　たい肥

答え➡別冊解答３ペー

得点　　100点

12 さまざまな自然とくらし⑫

覚えよう　寒い土地の自然とくらし

寒い土地の気候

- **寒冷な気候**…**北海道**は**日本のいちばん北**に位置しており，冬の寒さがきびしく，夏でもすずしい。
- **雪が多い気候**…**新潟県**は**日本海側の気候**で，冬に雪が多い。

▲北海道と新潟県の位置

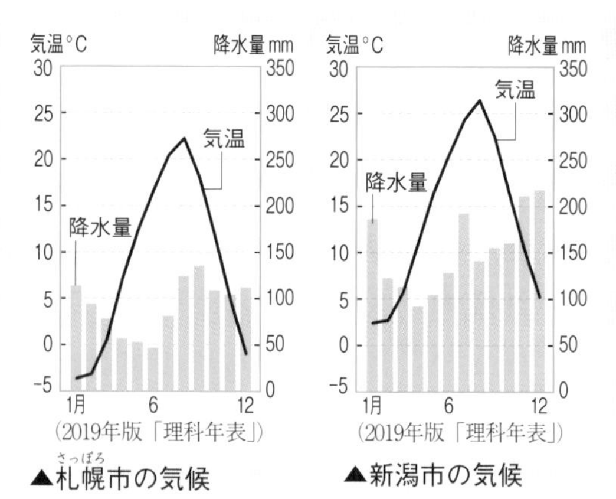

▲札幌市の気候　▲新潟市の気候

▲寒さや雪に備えた家（北海道の家の例）

雪からくらしを守るくふう

道路に雪が多く積もると，消防車や救急車，ごみの収集車などが通りにくくなる。
➡**除雪車**，**ロードヒーティング**などで雪や氷をとかす。

- **消雪パイプ**…水を出して雪や氷をとかす。
- **流雪こう**…積もった雪を流すためのみぞ。
- **ロードヒーティング**…道路の下に温水のパイプや電熱線を通し，雪や氷をとかすしくみ。

1 次の問題に答えましょう。

（１つ６点）

(1) 次の㋐，㋑の文は，北海道，新潟県のどちらのことですか。（　）に道県の名前を書きましょう。

㋐ 日本のいちばん北にあり，冬は寒さがきびしく，夏でもすずしい。……（　　　　）

㋑ 日本海側の気候で，冬は北西の季節風のため，雪が多くふる。……（　　　　）

(2) 寒さや雪に備えた北海道の家のくふうを，　　　から３つ選んで書きましょう。

（　　　　）（　　　　）（　　　　）

石垣　貯水タンク　二重のまど　灯油タンク　角度の急な屋根

2 右の絵は，寒さや雪に備えた家のようすです。この絵を見て，あとの問題に答えましょう。

（1つ7点）

(1) 次の①～③にあてはまるところを，絵の中のあ～おからそれぞれ選んで，記号を書きましょう。

①外の寒さを防ぎ，家をあたためるくふう。

(　　)(　　)(　　)

②水道や土台がこおらないようにするくふう。

(　　)

③雪を落ちやすくしているくふう。(　　)

(2) 雪の多い地域では，道路の下に，温水のパイプや電熱線を通して，熱で雪や氷をとかす設備がつくられています。これを何といいますか。　　から選んで，書きましょう。

(　　　　　　)

消雪パイプ　　流雪こう　　ロードヒーティング

3 次の文章を読んで，あとの問題に答えましょう。

（1つ7点）

Ⓐ北海道や新潟県のように，冬の寒さがきびしい土地では，家のつくりに寒さや雪に備えたくふうが見られます。(　①　)を二重にしたり，(　②　)に断熱材を入れたりして，外の寒さを防ぎ，家をあたためるようにしています。また，雪が多くふる地域では，Ⓑ道路の雪をなくすための設備がつくられています。

(1) 下線部Ⓐの北海道の札幌市の平均気温と降水量を表したグラフは，あ，いのどちらですか。(　　)

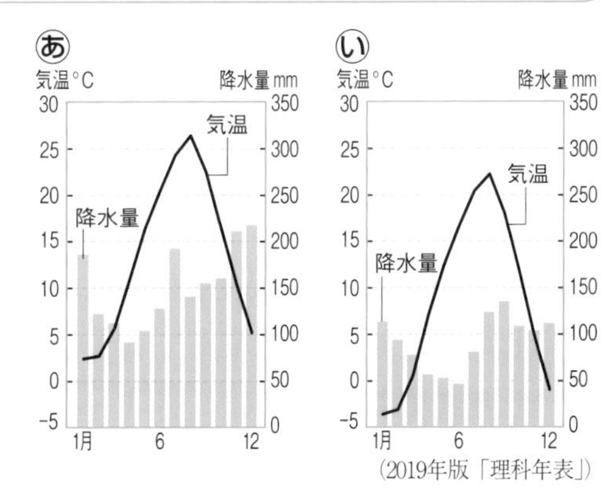

(2019年版「理科年表」)

(2) 文中の(①)，(②)にあてはまることばを，　　から選んで書きましょう。

①(　　　　　)②(　　　　　)

まど　　灯油タンク　　土台　　かべ

(3) 下線部Ⓑのように道路に雪が多く積もると，どのようなこまったことが起きますか。次の文の(　)にあてはまることばを，　　から選んで書きましょう。

〔道路を，消防車や(　　　　　)，ごみの収集車などが通れなくなる。〕

除雪車　　救急車　　フェリー

答え➡別冊解答４ペー

得点

100点

13 さまざまな自然とくらし⑬

覚えよう　寒い土地の産業

北海道の産業

▲北海道の農業地域

- **農業**…地形や気候を生かした農産物。
  - 雪どけ水と広い土地を利用した**米づくり**。
  - 広い牧草地で乳牛を育て，牛乳やバターなどを生産する**らく農**。
  - 暑さに弱い野菜（ほうれんそう，キャベツなど）。
  - 寒さに強い作物（じゃがいも，小麦など）。
- **水産業**…冷たい海にすむ魚やかに。（毛がに，こんぶ，かれいなど）
- **工業**…豊富な森林を生かした**パルプ・製紙工業**や，農産物，水産物を利用した**食料品工業**。
- **観光業**…豊かな自然や，夏のすずしさを求めて，多くの人がおとずれる。
  - 夏は登山，ハイキング，冬はスキーやスノーボード，雪まつりなど。

▲札幌の雪まつり

新潟県の産業

- **農業**…豊かな雪どけ水と広い平野を利用した**米づくり**。
- **工業**…豊かな雪どけ水と気候の特色を利用。
  - 湿度が高い気候を生かして，**絹織物**の生産がさかん。

  ➡湿度が高いと，糸がきずつきにくく，質のよい製品になる。
  - きれいな空気と水を必要とする**電子部品**の生産がさかん。
- **観光業**…雪を利用した行事やしせつが多い。
  - **スキー場**が多く，スキーやスノーボードを楽しむ客が来る。
  - 雪まつりなどの雪を利用した行事が行われている。

▲新潟県産の絹織物

1 次の文は，北海道や新潟県の産業について書かれたものです。（　）にあてはまることばを，［　］から選んで書きましょう。（１つ６点）

(1) 北海道や新潟県の農業では，雪どけ水を利用した（　　　　）がさかん。

(2) 北海道や新潟県では，スキーなどの（　　　　）を利用したスポーツを楽しみに多くの客が来る。

(3) 北海道では，牛乳やバターなどを生産する（　　　　）がさかん。

(4) 北海道では，農産物，水産物を利用した（　　　　）工業がさかん。

(5) 新潟県では，湿度が高い気候を生かして，（　　　　）の生産がさかん。

食料品　絹織物　らく農　雪　米づくり

2 右の地図や写真を見て，あとの問題に答えましょう。

（1つ7点）

(1) 地図中の①～③の地域でさかんな農業や農作物を，　　　から選んで書きましょう。

①（　　　　　　　　）
②（　　　　　　　　）
③（　　　　　　　　）

じゃがいもや小麦　米づくり　らく農

(2) 新潟県でもさかんなものを，(1)の　　　から選んで書きましょう。（　　　　　　　　）

(3) 新潟県では，右の写真のような絹織物の生産がさかんです。その理由について，次の文の（　）にあてはまることばを，　　　から選んで書きましょう。

［新潟県は，（　　　　　）の高い気候で，糸がきずつきにくく，質のよい絹織物をつくることができるから。］

温度　湿度　土地

3 次の文章を読んで，あとの問題に答えましょう。

（1つ7点）

Ⓐ広い土地をもつ北海道は，冬は寒さがきびしく，夏はすずしい気候のため，このようなⒷ土地や気候の特ちょうを生かした農産物づくりがさかんです。工業はⒸ豊かな農産物や水産物を加工して，乳製品やかんづめ，おかしなどをつくる工業や，豊富な森林を生かしたパルプ・製紙工業がさかんです。新潟県でも，気候を生かしたⒹ農産物や工業製品の生産がさかんです。

(1) 下線部Ⓐについて，北海道では広い牧草地で乳牛を育て，牛乳やバターなどを生産する農業がさかんです。この農業を何といいますか。（　　　　　　　　）

(2) 下線部Ⓑについて，北海道でさかんにつくられている，寒さに強い農作物を2つ書きましょう。（　　　　　　　　）（　　　　　　　　）

(3) 下線部Ⓒのような工業を何といいますか。（　　　　　　　　）

(4) 下線部Ⓓの農産物は，豊かな雪どけ水を利用してつくられています。この農産物を，　　　から選んで書きましょう。（　　　　　　　　）

キャベツ　ぶどう　米　だいず

14 単元のまとめ

答え➡別冊解答４ペー

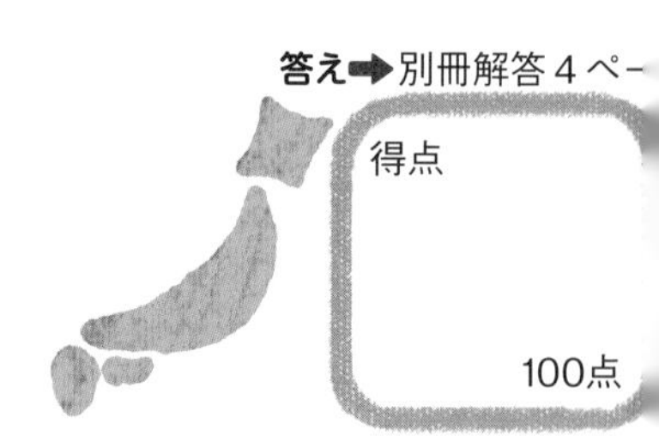

1 右の地図を見て，あとの問題に答えましょう。

（１つ４点）

フランス
ドイツ
ロシア連邦
中華人民共和国（中国）
アメリカ合衆国
大韓民国
㋐
エジプト
サウジアラビア
オーストラリア
ブラジル

(1)　中国やロシア連邦のある大陸名を，書きましょう。

（　　　　　　　　）

(2)　地図中の㋐の海洋の名前を，書きましょう。

（　　　　　　　　）

(3)　次の文にあてはまる国名を，地図中から選んで書きましょう。

①　日本の沖縄県と同じ緯度にある国で，日本が最も多く石油を輸入している。

（　　　　　　　　）

②　東京と同じ経度にある国で，日本は鉄鉱石や小麦などを輸入している。

（　　　　　　　　）

③　古くから日本とつながりの強い国で，世界で最も多い約14億の人々がいる。

（　　　　　　　　）

2 右の地図は，日本の気候区分を表しています。この地図を見て，あとの問題に答えましょう。

（１つ５点）

(1)　地図中のあ～うにあてはまる気候区の名前を，　　から選んで書きましょう。

あ（　　　　　　　　）
い（　　　　　　　　）
う（　　　　　　　　）

中央高地の気候　　太平洋側の気候　　日本海側の気候

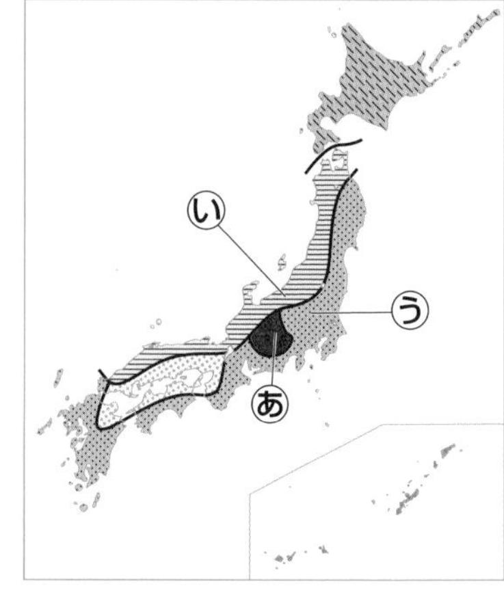

(2)　地図中のいの地域では冬に，うの地域では夏に降水量が多くなります。このようなちがいは，何のえいきょうを受けて起こりますか。

（　　　　　　　　）

(3)　日本の気候の特ちょうとして正しいものを，　　から選んで書きましょう。

（　　　　　　　　）

全国で梅雨がある。　　冬に台風が多い。　　北と南の気温差が大きい。

3 右の地図は，日本の地形のようすを表しています。この地図を見て，あとの問題に答えましょう。

（１つ５点）

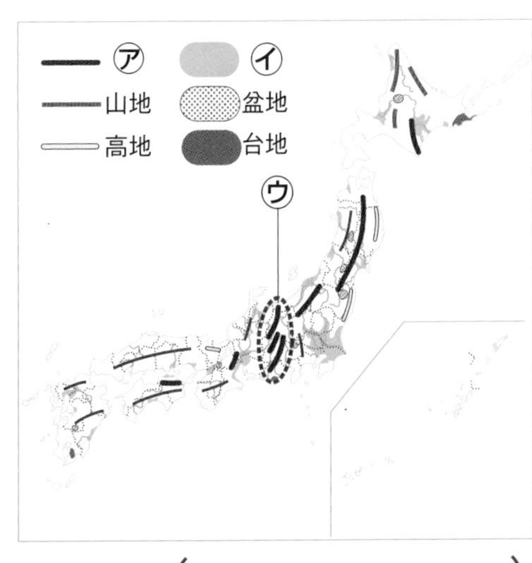

(1) 地図中の，山のみねが連なっている㋐の地形を何といいますか。（　　　　　　　　）

(2) 地図中の㋑は，人が多く住んでいる海に面した平地です。この地形の名前を書きましょう。（　　　　　　　　）

(3) 地図中の㋒は，3000m級の山が集まり「日本の屋根」といわれています。この地域にある山々の連なりをまとめたよび方を，書きましょう。（　　　　　　　　）

(4) 世界の中で，日本の川はどのような特ちょうがありますか。　　　　から選んで書きましょう。（　　　　　　　　）

流れがゆるやかで，短い。　　流れが急で，短い。　　流れが急で，長い。

4 右の絵と地図を見て，あとの問題に答えましょう。

（１つ５点）

(1) Ⓐと Ⓑの家は，日本のどの地域で見られるものですか。地図中の(あ)～(え)から選んでそれぞれ書きましょう。　Ⓐ（　　　）Ⓑ（　　　）

(2) Ⓐの家の暑さに備(そな)えたくふうを，　　　　から選んで書きましょう。（　　　　　　　　）

低い屋根　　広い戸　　石垣(いしがき)

(3) Ⓐと Ⓑの家が見られるそれぞれの地域で，さかんにつくられているものを，　　　　から選んで書きましょう。

Ⓐ（　　　　　　　　）
Ⓑ（　　　　　　　　）

みかん　　牛乳(ぎゅうにゅう)やバター　　さとうきび　　おうとう（さくらんぼ）

(4) 地図中の(お)の島は日本の北のはし，(か)の島は南のはしにあたります。それぞれの名前を，　　　　から選んで書きましょう。　(お)（　　　　　）(か)（　　　　　）

南鳥島(みなみとりしま)　　択捉島(えとろふとう)　　与那国島(よなぐにじま)　　沖ノ鳥島(おきのとりしま)

山の中からなぜ貝が？

ユーラシア大陸

元々日本列島があった場所

大陸の東はしから，日本列島のもとができたが，北海道や東北はほとんどが海の中だった。

わたしたちの住んでいる日本列島は，大昔ユーラシア大陸の一部でした。約2000万年前に大陸の東の縁がひきさかれ，大陸からはなれ始めました。

さけ目に海水が入り，海底がゆっくり拡大し，日本海の原型は広がっていきました。1500万年前くらいに日本海の拡大は終わり，日本列島のもとができたのです。

しかし，東日本から北海道の大半は陸地が地上に出ていなかったのです。今の日本列島になるには，日本列島のおかれた位置がポイントでした。

プレートということばを聞いたことがあるでしょう。地球をおおっている岩ばんだと思ってください。１枚ではなく，いくつかあります。日本列島は４つのプレートの境目付近に位置しています。これは世界的にめずらしいことなのです。プレートはそれぞれちがう方向に動いています。

海洋プレートは，陸のプレートの下にしずみこもうとします。そのときに陸のプレートをいっしょに引きずりこもうとします。その力と，陸のプレートが東へ移動しようとする力で東北日本は東西から押されて，日本列島の中央に山脈ができたと考えられています。

また，海洋プレートがしずみこもうとするとき，陸のプレートがたえきれなくなって，はねあがるように起こるのがプレート境界の地震です。東日本大震災をもたらした地震はこのプレート境界の地震の１つです。

地震の原因はこれだけではありませんが，プレート境界の地震は起きるときぼの大きい地震になるけい向があります。

海の中にあったものが，何百mも押し上げられるってふしぎね。

★日本の地質をつくるもの

日本列島のなりたちに関して，プレートが関係していることがほかにもあります。海洋プレートがしずみこもうとするとき，運んできたたい積物が，陸のプレートにはぎとられて陸のプレートのたい積物に混ざり合います(付加体)。これらはだんだん増えて，陸側に成長していきます。日本列島の地質の主な部分はこれだと考えられています。これから海の生物の化石がふくまれた岩石ができるのです。

付加体による陸のつくられ方

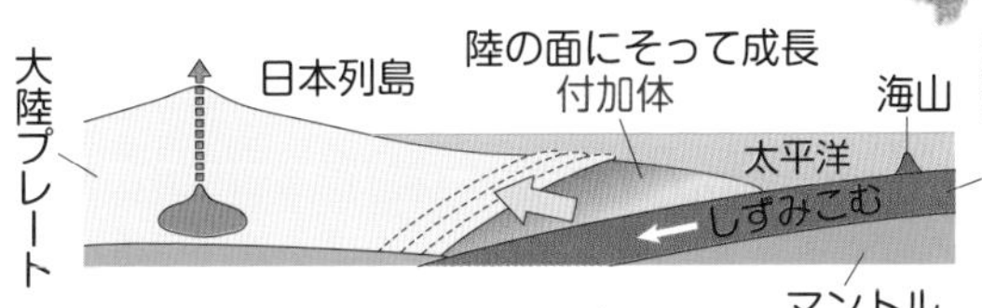

右の写真は，岐阜県で見つかったエゾイガイの化石です。エゾイガイは，現在でも東北・北海道地方の海のあまり深くない所に生息する貝です。岐阜県は海に面していない県です。この化石は，大昔の浅い海で付加体の上にたい積していたものが，隆起して地上に出てきたものでしょう。

考えてみよう

⑴ 右の写真は，大昔の海の生き物，アンモナイトの化石です。世界一高いエベレスト山の頂上付近では，このような海の生き物の化石が発見されます。その理由を考えて，あなたの考えを書きましょう。

⑵ プレートが動いているという考え方は，ある大陸の東側が，べつの大陸の西側の形とよく似ていたことから，発見された考え方です。この2つの大陸名を書きましょう。地図帳をよーく見るときっと見つかりますよ。

大陸　と　大陸

※書き方の例は別冊解答の16ページ

答え➡別冊解答４ページ

15 農業のさかんな地域①

覚えよう　米づくりがさかんな日本

米づくりと日本

- 日本の農業は，米づくり（稲作）が中心…
  日本人の主食の１つは米である。
  ➡米づくりは，日本全国で行われていて，
  日本の**耕地の半分以上が田**。
  （耕地→農作物をつくる土地）
- 日本の気候は，米づくりに合っている…
  日本は，**夏に暑く，雨が多い**。
  ➡米づくりに必要なこと…稲の穂が出る
  夏に気温が高くなること。豊富な**水**があること。
- 米づくりのさかんな地域…**北海道地方**，
  東北地方，北陸地方と**東関東**でさかん。
- **庄内平野**（**山形県**）
- **横手盆地**（**秋田県**）
- **越後平野**（**新潟県**）
- 石狩平野，上川盆地（北海道）
- 富山平野（富山県），仙台平野（宮城県）
- 農家には専業農家と兼業農家がある。
  （専業農家←家族がみな農業）（兼業農家→家族の中に農業以外で働く人がいる）

▼日本の耕地面積のうちわけ（2018年）

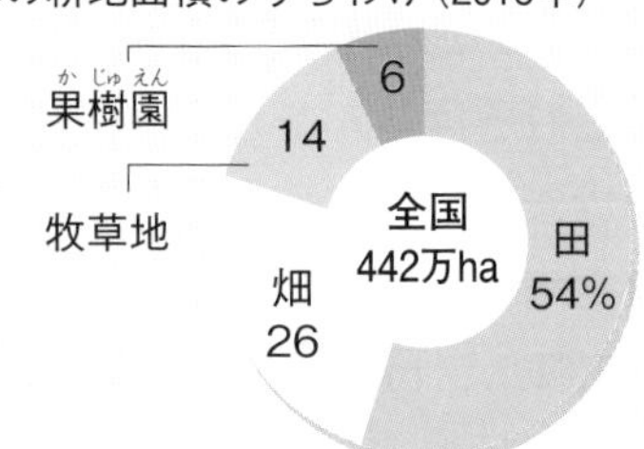

1 ha=10000m²=100m×100m
（2019/20年版「日本国勢図会」）

▼米のおもな産地

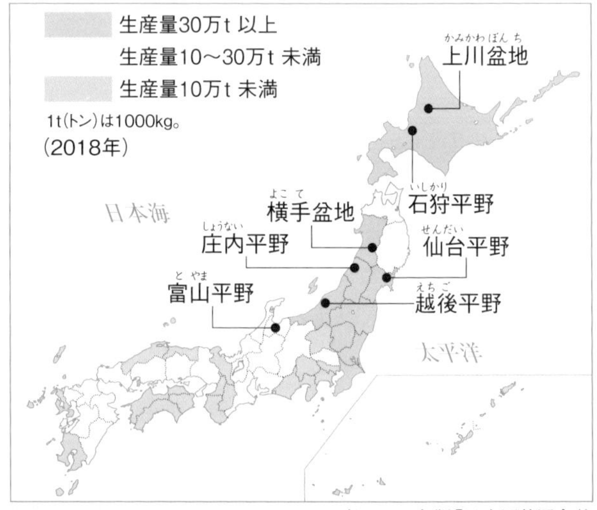

（2019/20年版「日本国勢図会」）

1 次の問題の答えを，　　から選んで書きましょう。

（１つ７点）

(1) 日本の耕地の半分以上をしめるのは，畑と田のどちらですか。（　　　）

(2) 米づくりに合った気候とは，どのような気候ですか。
（　　　　　）

(3) 日本の気候は，米づくりに合っていますか，合っていませんか。
（　　　）

(4) 日本で，米づくりが特にさかんな地域は，北海道地方，北陸地方，東関東とどこですか。（　　　）

畑　　田　　夏に暑く，雨が多い　　夏にすずしく，雨が少ない
合っている　　合っていない　　関西地方　　東北地方

2 右の地図は，米のおもな産地を表しています。この地図を見て，あとの問題に答えましょう。

（１つ６点）

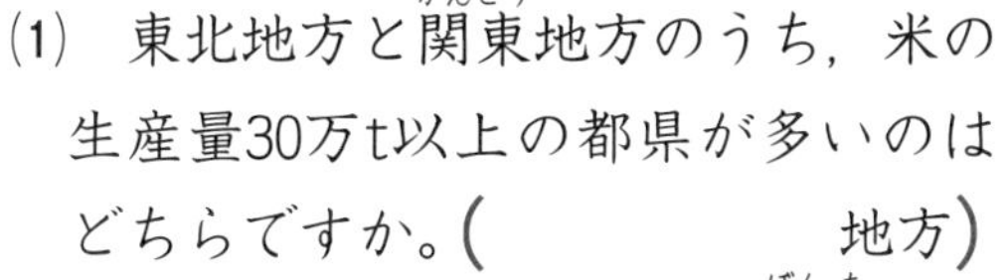

⑴ 東北地方と関東(かんとう)地方のうち，米の生産量30万t以上の都県が多いのはどちらですか。（　　　　地方）

⑵ 地図中のあ～うの平野や盆地(ぼんち)の名前を，次の□から選んで書きましょう。

あ（　　　　　　）
い（　　　　　　）
う（　　　　　　）

庄内(しょうない)平野　　横手(よこて)盆地　　越後(えちご)平野

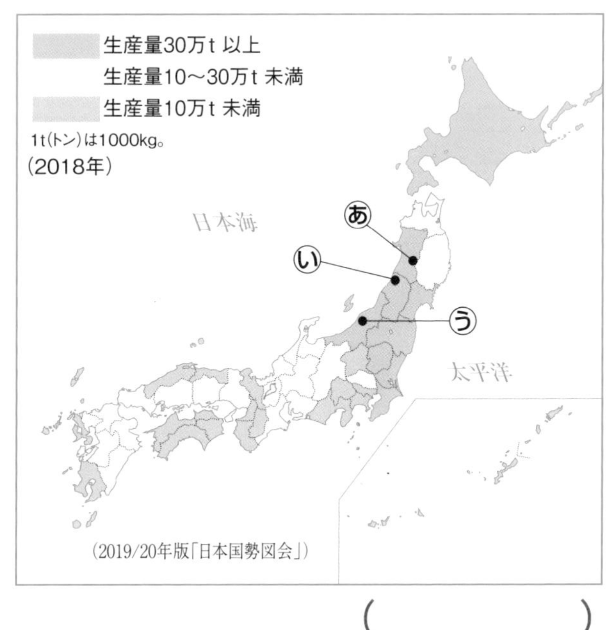

（2019/20年版「日本国勢図会」）

⑶ 日本の耕地のうち，田のしめるわりあいは，どれだけですか。□から選んで書きましょう。（　　　　　　）

半分以下　　半分以上

3 次の文章を読んで，あとの問題に答えましょう。

（１つ７点）

> 日本の農業は米づくりが中心で，日本の耕地の半分以上は（　※　）です。Ⓐ日本の気候は，米づくりに合っているので，米づくりは，日本全国で行われています。Ⓑ米づくりが特にさかんなのは，東北地方と北陸地方です。

⑴ 文章中の（※）にあてはまることばを書きましょう。（　　　　）

⑵ 下線部Ⓐについて，次の文の①，②の（　）にあてはまることばを，□から選んで書きましょう。

［ 米づくりには，稲(いね)の穂(ほ)が出る①（　　　　）に気温が高くなることと，②（　　　　）がたくさんあることが必要です。］

夏　　冬　　水　　畑

⑶ 下線部Ⓑについて，①～③の県にある米づくりのさかんな平野や盆地を，□から選んで書きましょう。

① 山形県（　　　　　　）
② 新潟県（　　　　　　）
③ 秋田県（　　　　　　）

越後平野　　庄内平野　　横手盆地

答え➡別冊解答４ペー

16 農業のさかんな地域②

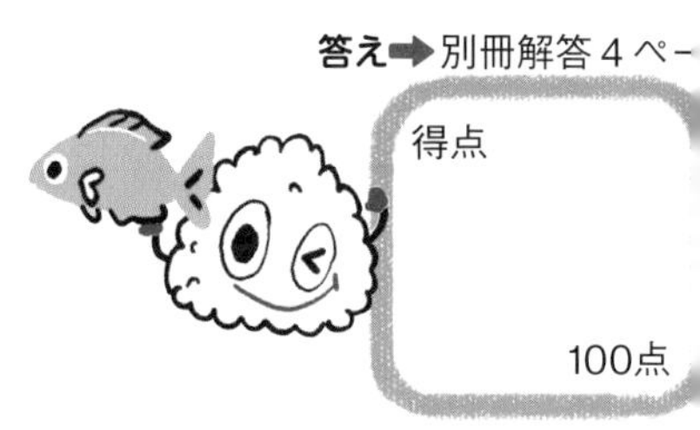

覚えよう　米づくりがさかんな土地のようす

稲の生育に合った土地

背後に山地をひかえ，川が流れ，広くて平らな土地がある。

●山（山地）…山にふる雨や雪の**水を森林がたくわえている。**

➡水が川となって，平らな土地へと流れる。

●川…米づくりに必要な水がいつもある。

➡田に水を引くときに，川が近くにあると便利。

●広くて平らな土地（平野や盆地）…平らな土地にある田には，水を引き入れやすい。

稲の生育に合った気候

夏の日照時間が長く，気温が高くなる。また，雪や雨がふり，水が豊富にある。

➡**冷害**…**夏に気温が上がらない**ため，農作物が育たないひ害のこと。東北地方の太平洋側でひ害が多い。

◀庄内平野

▼庄内平野（山形県）の土地利用

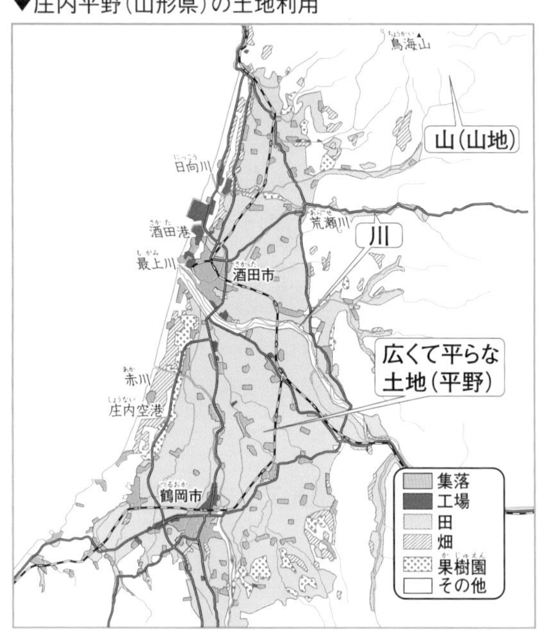

1 右の写真は，米づくりのさかんな土地のようすです。この写真を見て，あとの問題に答えましょう。（１つ５点）

(1) 写真中のⒶ～Ⓒは，稲の生育に合った土地に必要なものです。あてはまることばを書きましょう。

Ⓐ（　　　　）Ⓑ（　　　　）Ⓒ（　　　　）

(2) 写真中のⒶのはたらきについて書かれた，次の文の（　）にあてはまることばを書きましょう。

［Ⓐにふった雨や雪の水を，（　　　　　　　）がたくわえている。］

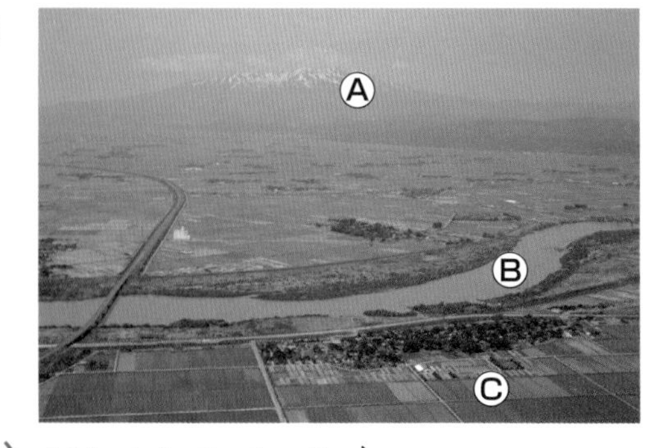

2 右の地図とグラフを見て，あとの問題に答えましょう。

（１つ10点）

(1) 夏に冷害（れいがい）が起こりやすいのは，地図中のⒶとⒷのどちらですか。どちらか選んで，記号を書きましょう。　（　　）

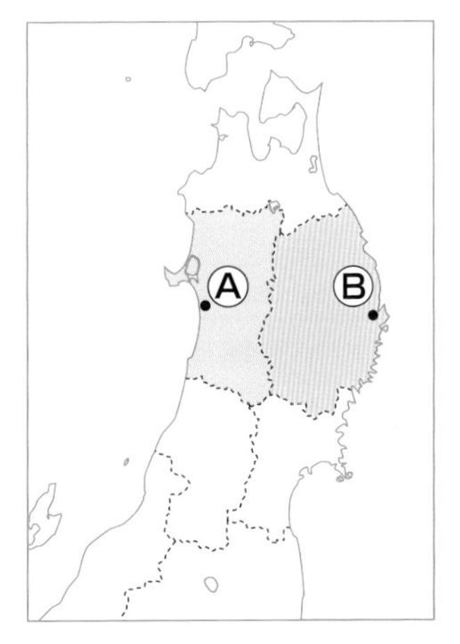

(2) グラフのⒸとⒹのうち，米づくりに向いているほうを選んで，（　）に○を書きましょう。

Ⓒ（　　）

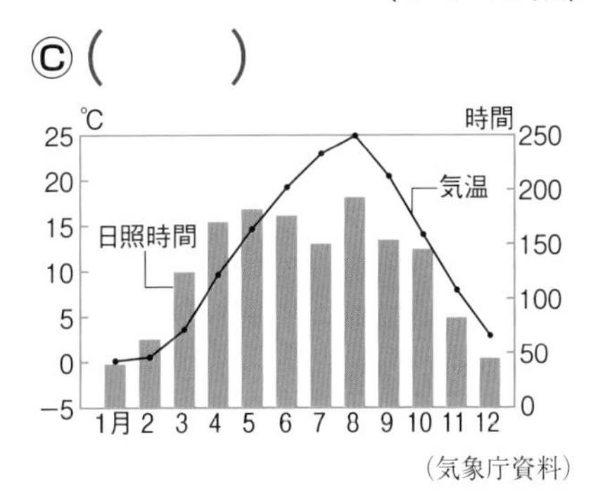

（気象庁資料）

Ⓓ（　　）

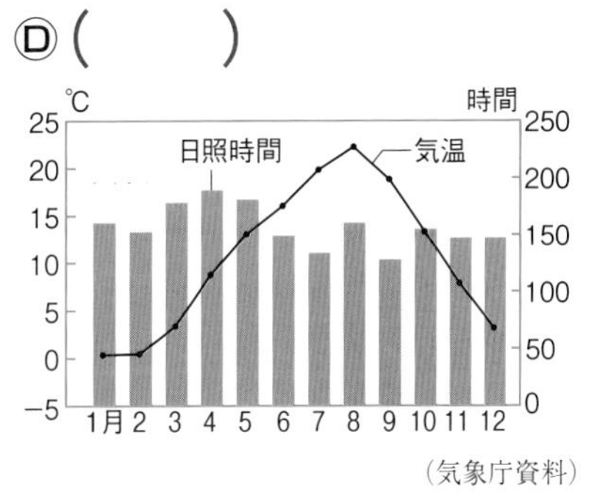

（気象庁資料）

(3) 米づくりに合った気候について，次の文の①，②の（　）にあてはまることばを，　　から選んでそれぞれ書きましょう。

〔夏の日照時間が①（　　　）く，気温が②（　　　）くなることが必要になる。〕

長　短　高　低

3 右の地図を見て，あとの問題に答えましょう。

（１つ８点）

(1) 地図中の酒田（さかた）市は，米づくりがさかんな庄内（しょうない）平野にあります。酒田市の気候について書かれた，次の文の①，②の（　）にあてはまることばを書きましょう。

〔酒田市の気候は，①（　　　　　）の日照時間が長く，気温が②（　　　　　）なるので，米づくりにとても合っている。〕

(2) 庄内平野はどのような土地ですか。次の文章の①，②の（　）にあてはまることばを書きましょう。

〔庄内平野には多くの①（　　　　）が流れています。また，冬は雪が多くふります。近くの②（　　　　）に積もった雪は，春にはとけて，（　①　）がたくさんの水を平野に運んできます。〕

(3) 東北（とうほく）地方の太平洋側などで夏の気温が低いために起こる，農作物が育たないひ害を何といいますか。　（　　　　）

答え➡別冊解答５ペー

17 農業のさかんな地域③

得点

100点

覚えよう　１年間の米づくりのようす

米づくりは，よい**種もみ**を選んでじょうぶな**なえ**をつくることから始まる。**田植え**のあとは稲の生長に合わせた**水の管理**が大事。**化学肥料**や**農薬**は使いすぎると作物や土，水に悪いえいきょうが出るので注意が必要。いろいろな**機械**を使い，効率よく仕事をしている。

▲たい肥をまく

▲田おこし

▲田植え

▲稲かり・だっこく

１年間の米づくりの流れ（庄内平野の場合）

3月　**種もみを選ぶ**
うすい塩水に入れて，しずんだ種を選ぶという伝統的な方法もある。
共同作業の計画づくり。

4月　**たい肥をまく**
たい肥とは，わらにぶたや牛のふんなどをまぜ，発こうさせてつくった肥料。
田おこし
田おこしとは，田をたがやすこと。
なえを育てる
ビニールハウスの中で温度を調節しながら育てる。
しろかき
しろかきとは，田に水を入れたあと，土のかたまりをくだいて表面を平らにし，水の深さが一定になるようにすること。

5月　田植え
除草剤をまく
水を管理する（しゅうかくの前まで）

6月　**生長を調べる**（生長を見ながら肥料をあたえ，雑草や，害虫，病気から稲を守る。）
中ぼしして，みぞをほる
中ぼしとは，稲の根をじょうぶにするために水をぬくこと。中ぼししている間に，みぞをほって稲に水や栄養がじゅうぶんにいきわたるようにする。

7月　**農薬をまく**

8月　**穂が出る**

9月　稲かり・だっこく
稲をかり取り，だっこくする。だっこくとは，もみとわらに分ける作業のこと。

1　次の①～⑤の文にあてはまる米づくりの作業を，右の表からそれぞれ選んで書きましょう。（１つ６点）

①　田をたがやす。（　　　　　）

②　稲をかり，もみとわらに分ける。（　　　　　）

③　塩水に入れて，しずんだ種を選ぶ。（　　　　　）

④　田に水を入れたあとに土の表面を平らにし，水の深さを一定にする。（　　　　　）

⑤　根を強くするため田の水をぬく。（　　　　　）

月	作業
3月	種もみを選ぶ
4月	たい肥をまく 田おこし しろかき
5月	田植え 除草剤をまく
6月	中ぼし
7月	
8月	
9月	稲かり・だっこく

2 次の写真を見て，あとの問題に答えましょう。

（１つ７点）

Ⓐ

Ⓑ

Ⓒ

Ⓓ

Ⓔ

(1) Ⓐ～Ⓔの作業の名前を，　から選んで書きましょう。

Ⓐ（　　　　　　　　）
Ⓑ（　　　　　　　　）
Ⓒ（　　　　　　　　）
Ⓓ（　　　　　　　　）
Ⓔ（　　　　　　　　）

しろかき　　田おこし　　稲かり・だっこく
田植え　　農薬をまく

(2) 庄内平野（しょうない）の場合，３月から始まる１年間の米づくりの作業で，Ⓐ～Ⓔはどのような順になりますか。□に１～５の数字を書きましょう。（全部できて７点）

3 右の図は，ある稲作農家の米づくりの流れを表しています。この図を見て，あとの問題に答えましょう。

（１つ７点）

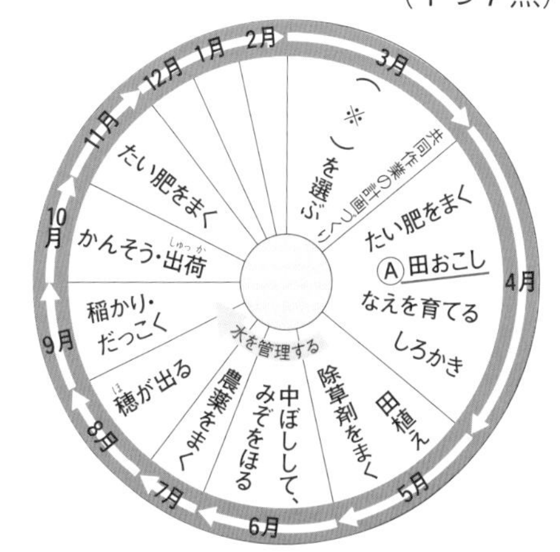

(1) 図の中の（※）にあてはまることばを，　から選んで書きましょう。（　　　　　　）

種もみ　　たい肥　　なえ

(2) 図の中の下線部Ⓐはどのような作業ですか。　から選んで書きましょう。

（　　　　　　　　　　　　）

田をたがやす。　　なえを植える。

(3) 右の写真は田の水の深さを一定にするために土を平らにする作業です。この作業名を図中から選んで書きましょう。（　　　　　　）

(4) かり取った稲を，わらともみとに分ける作業を何といいますか。（　　　　　　）

答え➡別冊解答５ペー

18 農業のさかんな地域④

得点

100点

覚えよう　米づくりのくふう①

生産性の高いおいしい米をつくるためのくふう

● **田の水の管理**　➡稲の生長の速さを調節するため，田の水深を上げ下げする。

・田の水深を上げるとき…気温の低い田植えの直後など。➡保温力のある水で，風や寒さから田を守る。

・**中ぼし**…田の水をぬき，かわかして土にひびをつくる。➡ひびから稲の育ちを悪くするガスが出て酸素が入るため，根がよくのびて養分の吸収がよくなる。稲がじょうぶになる。

● **耕地整理**…小さかったり，入り組んだりしている田を，大きな田に整えること。

➡大型の農業機械が使えるため，農作業の時間が短くなる。

● **用水路，排水路の整備**…田に水を入れる用水路と，田の水を出す排水路を分ける。

➡それぞれの田で水の管理ができるようになるなど，水の管理がしやすくなる。

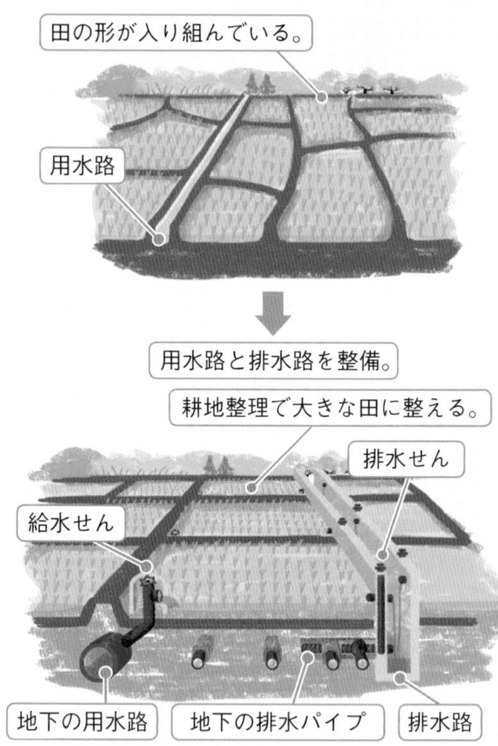

化学肥料と農薬

工場でつくられる**化学肥料**や**農薬**を使いすぎると，人体や作物，土・水などに悪いえいきょうが出る。最近は使う量や回数を減らすようにしている。また，たい肥を使ったり，あいがもを使ったりする米づくりも行われている。

➡たい肥…わらやもみがらに，ぶたや牛のふんなどをまぜて，発こうさせてつくった肥料。稲の生長をよくし，土をやわらかくする。

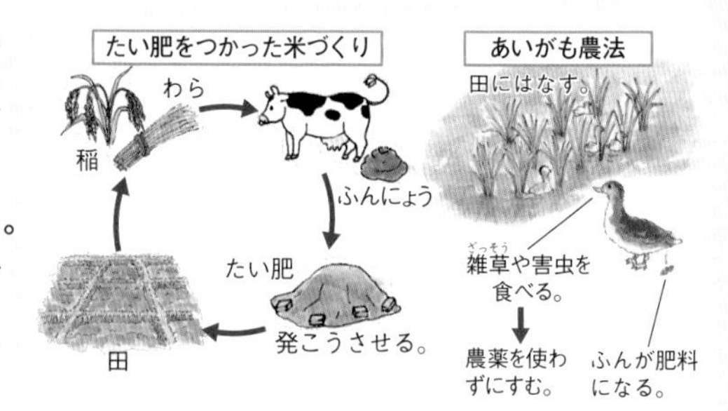

1 次の問題の答えを，　　　　から選んで書きましょう。

（１つ８点）

(1) 稲の生長の速さを調節するには，田の何を調節しますか。（　　　　　　）

(2) 田の水をぬき，かわかして土にひびをつくる作業を何といいますか。（　　　　　　）

(3) 耕地整理をすると，何が使えるようになりますか。（　　　　　　）

水の深さ　　ビニールハウス　　日当たり　　田植え　　中ぼし　　大型の農業機械

2 次の図は，耕地整理をする前と，耕地整理をしたあとの田のようすを表しています。この図を見て，あとの問題に答えましょう。

（１つ9点）

Ⓐ

Ⓑ

(1) 耕地整理をしたあとの田はⒶ，Ⓑどちらですか。記号を書きましょう。（　　　）

(2) 耕地整理が行われた田では，どんな点で便利になりますか。次の文の①，②の（　）にあてはまることばを，　　　から選んで書きましょう。

〔 大型の①（　　　　　　　　）が使えるようになり，農作業の時間は②（　　　　　　　）なる。〕

ビニールハウス　　農業機械　　短く　　長く

(3) 田に水を入れる水路は，用水路と排(はい)水路のどちらですか。（　　　　　）

3 右の図は，ある鳥を使った米づくりの方法を表しています。この図を見て，あとの問題に答えましょう。

（１つ10点）

(1) 次の文は，右の図のような米づくりの方法についてまとめたものです。①～③の（　）にあてはまることばを，　　　からそれぞれ選んで書きましょう。

〔 ①（　　　　　）は，田で雑草(ざっそう)や害虫を食べてくれる鳥なので，②（　　　　　）を使わずにすみます。また，そのふんが③（　　　　　）になるので，化学肥料(ひりょう)も使わずにすみます。〕

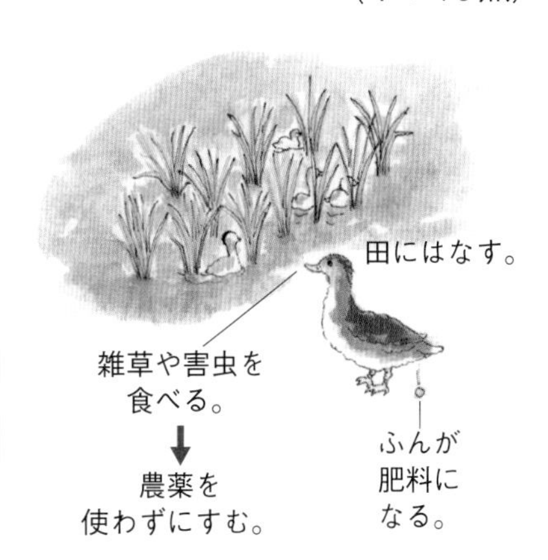

肥料　　農薬　　あいがも　　にわとり

(2) ぶたや牛のふんにょうからつくる肥料を何といいますか。

（　　　　　　　　　）

答え➡別冊解答5ペー

19 農業のさかんな地域⑤

覚えよう　米づくりのくふう②

効率よく農作業を行うためのくふう

- **作業の共同化**

何げんかの農家が，組合をつくって，助け合いながら費用と負たんを減らす。

- **農業機械の使用**

・昔の手作業に比べて**作業時間が短く**なり，効率よく農作業ができるようにもなった。

長所…農作業にかける時間が短しゅくされた。

短所…農業機械のねだんは高く，燃料代などの負たんも大きい。

↳これらの費用は，米のねだんにふくまれていく。

▼農業機械の所有台数の変化

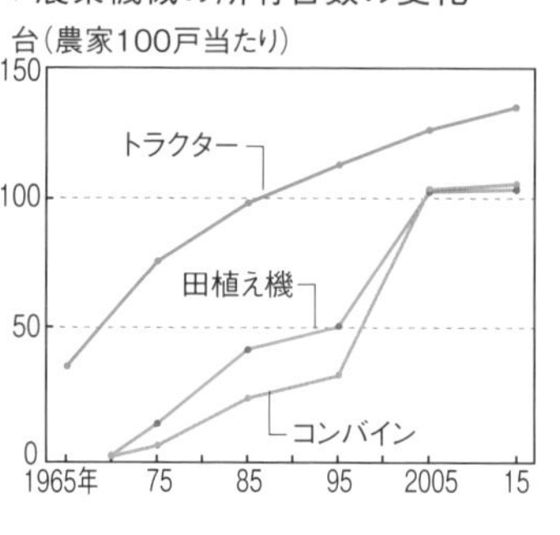

▼年間耕作時間の変化

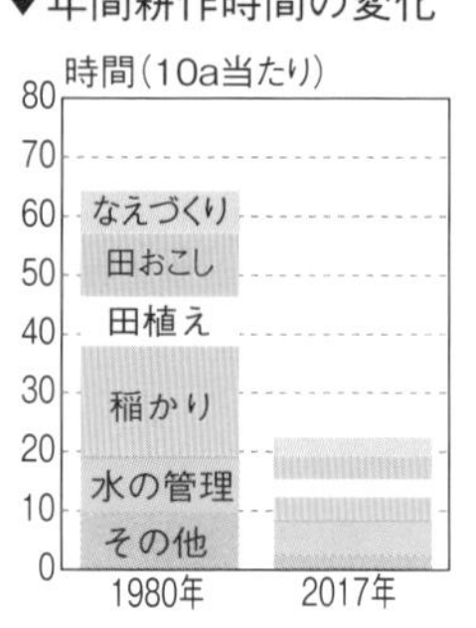

（農林水産省資料）

おもな農業機械

▲田おこしやしろかきに使う。

▲なえを植える。

▲稲かりやだっこくに使う。

- **品種改良**…人々が求める米をつくるために，いろいろな性質の品種を組み合わせて**新しい品種をつくること。**　➡病気や寒さにより強い品種，味のよりよい品種など。

1　右の写真を見て，あとの問題に答えましょう。

（1つ15点）

(1)　右の写真は，田おこしに使われる農業機械です。名前を書きましょう。　(　　　　　　　)

(2)　効率のよい農業をするために，何げんかの農家が，組合をつくっています。組合で行っていることについて，正しい文になるよう，次の文の(　)にあてはまることばを，　　から選んで書きましょう。

〔　農業機械のねだんは高いので，何げんかの農家が費用を出し合って買い，(　　　　　　　)している。〕

1けんだけで利用　　共同で利用

2 右のグラフⒶは農業機械の所有台数の変化を，グラフⒷは年間耕作(こうさく)時間の変化を表しています。これらのグラフを見て，あとの問題に答えましょう。（1つ10点）

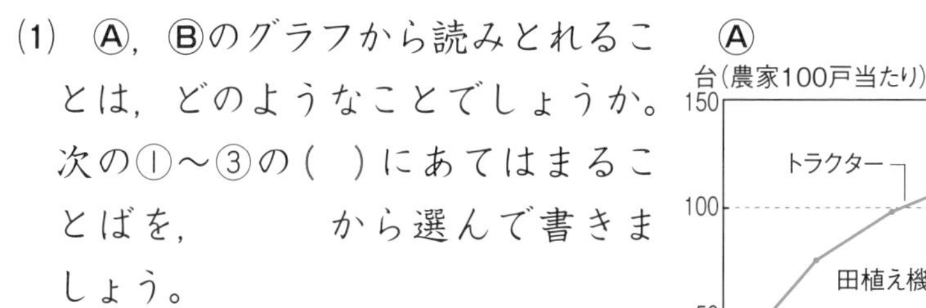

(1) Ⓐ，Ⓑのグラフから読みとれることは，どのようなことでしょうか。次の①～③の（　）にあてはまることばを，［　］から選んで書きましょう。

Ⓐ
台(農家100戸当たり)
150 / 100 / 50 / 0
トラクター
田植え機
コンバイン
1965年　75　85　95　2005　15
（農林水産省資料）

Ⓑ
時間(10a当たり)
80 / 70 / 60 / 50 / 40 / 30 / 20 / 10 / 0
なえづくり
田おこし
田植え
稲かり
水の管理
その他
1980年　2017年
（農林水産省資料）

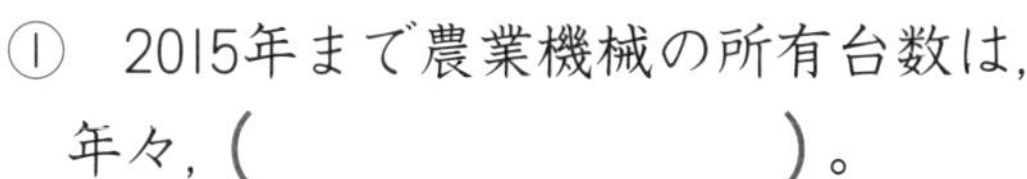

① 2015年まで農業機械の所有台数は，年々，（　　　　　　）。

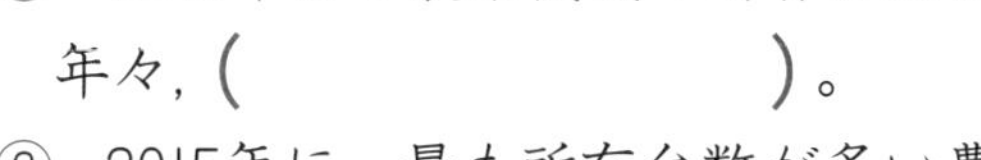

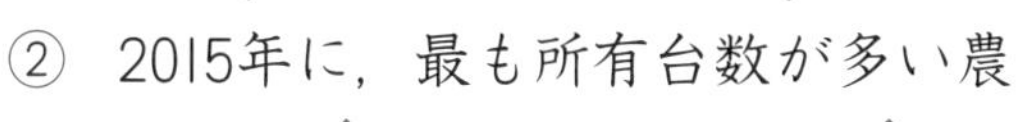

② 2015年に，最も所有台数が多い農業機械は（　　　　　　）である。

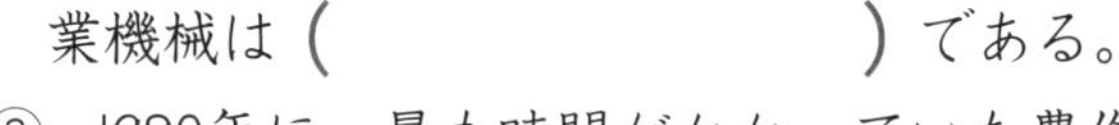

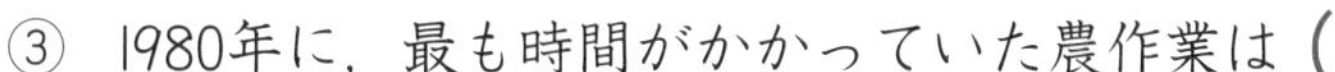

③ 1980年に，最も時間がかかっていた農作業は（　　　　　　）である。

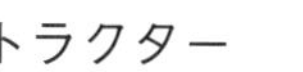

増(ふ)えている　減(へ)っている　コンバイン　トラクター　田おこし　稲かり

(2) 昔に比(くら)べて農作業にかかる時間が短くなったのは，なぜですか。次の文の（　）にあてはまることばを，［　］から選んで書きましょう。

［（　　　　　　）を使うようになったから。］

たい肥(ひ)　くわ　農業機械

3 次の文章を読んで，あとの問題に答えましょう。（1つ10点）

米づくりの作業は，大変な手間がかかります。そこで，何げんかの農家が（　※　）をつくって，田植えやⒶ稲(いね)かりなどの作業を，共同で行っています。また，Ⓑいろいろな性質(せいしつ)の品種を組み合わせ，新しい品種をつくるくふうもしています。

(1) (※)にあてはまる農家でつくっている組織(そしき)を，［　］から選んで書きましょう。
（　　　　　　）

耕地(こうち)整理　組合　用水路

(2) 下線部Ⓐの稲(いね)かりに使う農業機械を何といいますか。（　　　　　　）

(3) 下線部Ⓑのことを何といいますか。［　］から選んで書きましょう。
（　　　　　　）

品種改良　肥料　共同化

答え➡別冊解答６ペー

20 農業のさかんな地域⑥

得点

100点

覚えよう　米をとどける

カントリーエレベーター

米は，しゅうかくしたあと，出荷するまで倉庫などで保管される。おいしい米を消費者にとどけるため，また，作業の効率をよくするために，地域の農家では共同でカントリーエレベーターというしせつを利用しているところがある。

- カントリーエレベーター…集まった米（もみ）をかんそうさせたり，温度や湿度を一定に保って出荷まで保管するしせつ。共同化で費用を安くでき，よい米をいつでも出荷できる。

▲カントリーエレベーター

出荷までの流れ

①**もみをかんそうさせる**…長く保管でき，おいしさも保てるように，もみをかんそうさせて，水分を調節する。

◀もみ…しゅうかくしたままで，からがついた米。

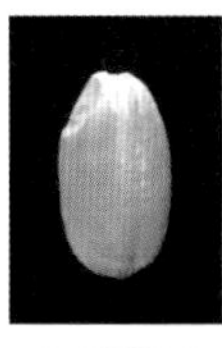

◀玄米…もみから，もみがらを取りのぞいた米。

②出荷するまで，**もみを適温で保管する**…もみの温度が上がりすぎると，味がおちる。

③もみのからを取りのぞき，**玄米にして出荷する**➡トラックで全国の消費地へ運ばれる。

店にならぶ米のねだんには，保存や輸送にかかる費用がふくまれる。

1 次の問題に答えましょう。

（１つ10点）

(1) 米の産地では，農家がしゅうかくした米は，カントリーエレベーターというしせつに運ばれるようになってきました。カントリーエレベーターはどのようなしせつですか。　　から選んで書きましょう。

（　　　　　　　　　　　　　　　　　　）

出荷まで米を保管するしせつ　　米の品種改良を行うしせつ

(2) カントリーエレベーターで保管されているのは，もみと玄米のどちらですか。

（　　　　）

(3) カントリーエレベーターを利用すると，どのような利点がありますか。次の（　）にあてはまることばを，　　から選んで書きましょう。

〔おいしい米を（　　　　　　　　　　　）ことができる。〕

いつでもかりとる　　いつでも出荷する

2 右の写真は，農家がしゅうかくした米を保管するしせつです。これを見て，あとの問題に答えましょう。

（1つ10点）

(1) 右の写真Ⓐのしせつを何といいますか。

(　　　　　　　　　　　　)

(2) 米の出荷までの流れを表した図Ⓑの，あ～うにあてはまることばを，　　　から選んで書きましょう。

あ(　　　　　　)

い(　　　　　　)

う(　　　　　　)

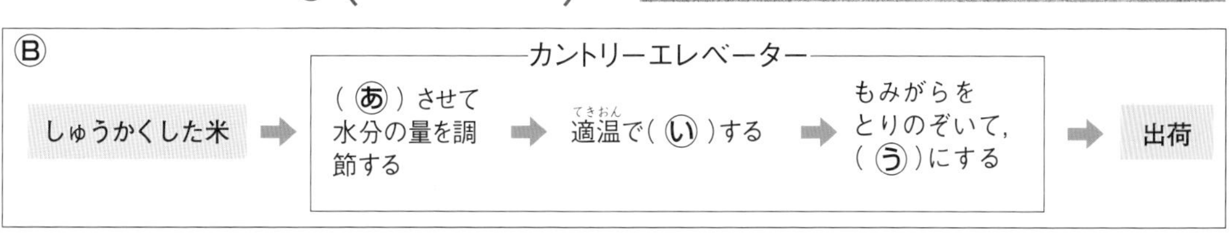

保管　もみ　玄米　かんそう

3 次の文章を読んで，あとの問題に答えましょう。

（1つ10点）

カントリーエレベーターは，温度や湿度(しつど)を調節しながら，もみを出荷まで保管しておくところです。カントリーエレベーターでは，(　①　)作業をしています。集まったもみは，Ⓐかんそうさせて，出荷するまで，Ⓑ低温で保管します。出荷するときは，(　②　)，全国各地へトラックなどで運びます。

(1) (①)にあてはまることばを，　　　から選んで書きましょう。

(　　　　　　　　　　　　)

1けんの農家だけで　利用する農家が協力して

(2) 下線部ⒶやⒷをするのはなぜですか。　　　から選んで書きましょう。

(　　　　　　　　　　　　)

米の固さを保(たも)つため。　米のおいしさを保つため。　米の形を保つため。

(3) (②)にあてはまることばを，　　　から選んで書きましょう。

(　　　　　　)

もみのまま　玄米にして

答え➡別冊解答６ペー

21 農業のさかんな地域⑦

覚えよう　米づくりの課題と努力

米づくりに関する問題

- **米の生産調整**…1960年代後半から米の消費量が減りはじめ，日本では生産される米があまるようになった。
  ➡国は転作や休耕などをすすめた。
  - 転作…田で米以外の作物をつくること。
  - 休耕…田で何もつくらないこと。
- **あとつぎ不足**…ふきそくな休みや収入の少なさから農業をするわかい人が減っている。
  ➡定休をとれるようにしたり，収入を増やしたりして，あとつぎを増やす努力が必要。
- **米の輸入**…1995年から一定のわりあいで外国産の米の輸入がみとめられるようになった。
  ➡安い外国産の米に対して，高くてもおいしい米をつくる努力をしている。
- **米のはん売の自由化**…1995年からは，農家が米を自由に消費者やはん売店に売ることができるようになった。
  ➡消費者の好みに合わせた米づくりや，はん売方法をくふう。よりよい米をつくる努力がなされている。

▼農家数の変化

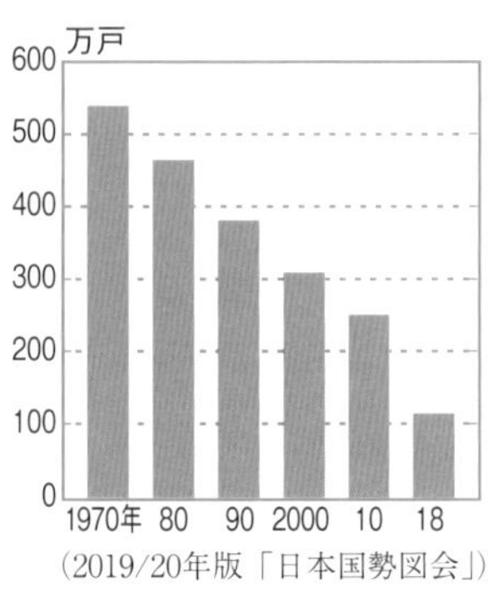

（2019/20年版「日本国勢図会」）

▼年令別農業人口の変化

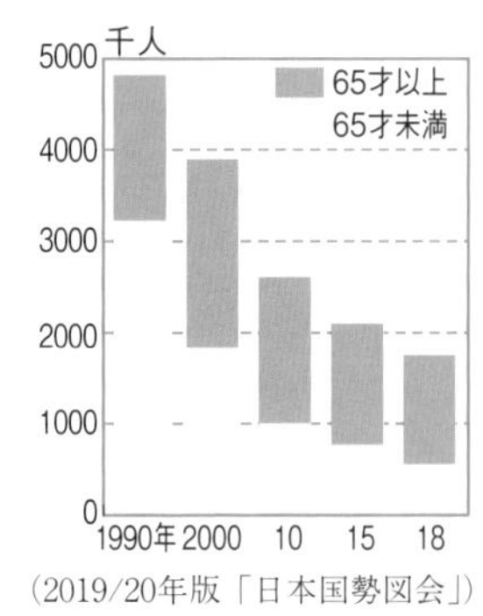

（2019/20年版「日本国勢図会」）

▼米の消費量の変化

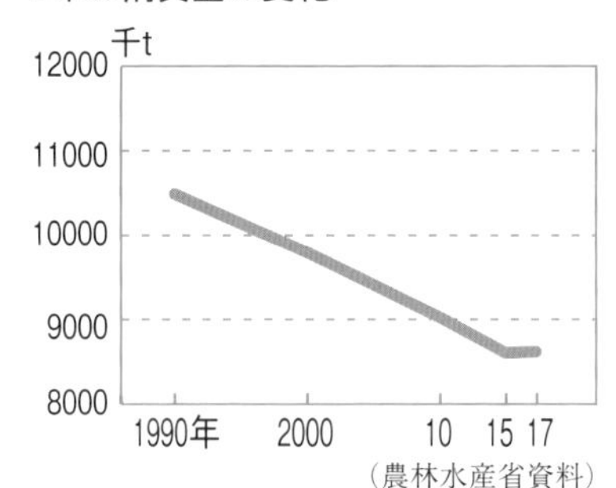

（農林水産省資料）

1　次の問題に答えましょう。

（１つ８点）

(1)　次の①～③は，米づくり農家のなやみです。（　）にあてはまることばを，から選んで書きましょう。

①　1960年代から米の消費量が減り，米が（　　　　　　）なった。

②　農業をするわかい人の数が（　　　　　　）きた。

③　外国から安い米が（　　　　　　）されるようになった。

不足するように　　あまるように　　増えて　　減って　　輸入

(2)　次の①，②にあてはまることばを書きましょう。

①　田で米以外の作物をつくること。　（　　　　　　）

②　田で何もつくらないこと。　（　　　　　　）

2 次のグラフⒶ～Ⓒを見て，あとの問題に答えましょう。

（１つ７点）

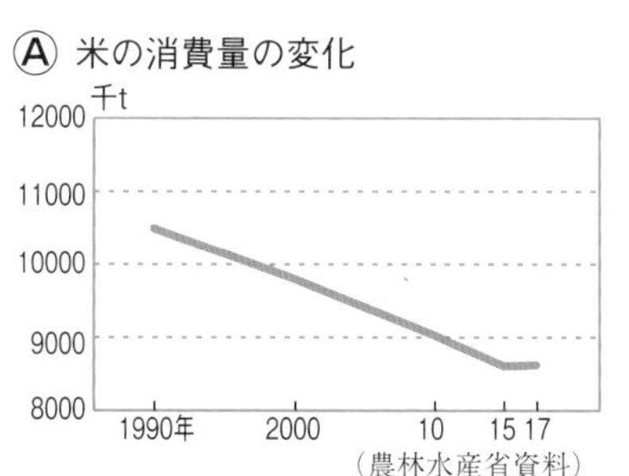

（農林水産省資料）

（2019/20年版「日本国勢図会」）

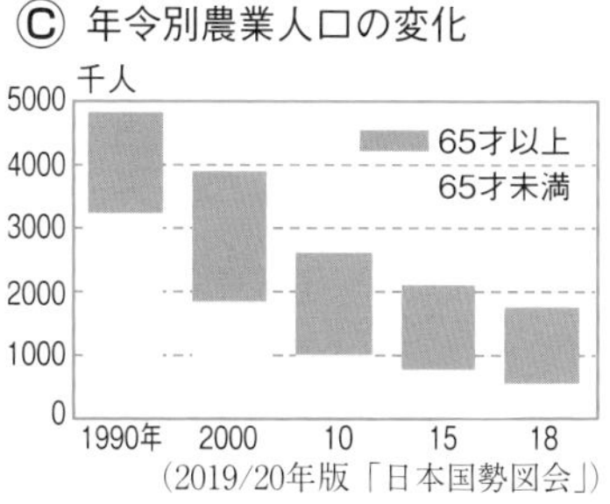

（2019/20年版「日本国勢図会」）

(1) 上のグラフⒶ～Ⓒを見て，次の①～③の（　）にあてはまることばを書きましょう。

① 米の消費量は，年々（　　　　　　）きている。

② 農家の数は，年々（　　　　　　）きている。

③ 2000年以降，農業をする人のわりあいが多いのは（　　　　）才以上である。

(2) 国が農家の生産量を減らす政さくを進めたこともあって，米の生産量は年々減っています。米の生産量を減らすために国がすすめた，田で米以外の作物をつくることを何といいますか。（　　　　　　）

3 次の文章を読んで，あとの問題に答えましょう。

（１つ８点）

1960年代後半から国は，Ⓐ米の生産量を減らすために，田で野菜など米以外の作物をつくる（　①　）や，田で何もつくらない（　②　）を，農家にすすめる政さくをとりました。現在，農業をするわかい人が少なくなったり，Ⓑ1995年から外国のねだんの安い米が輸入されるようになったりするなど，農家にとっていろいろな問題があります。

(1) 文章中の（①），（②）にあてはまることばを書きましょう。

①（　　　　　　）　②（　　　　　　）

(2) 下線部Ⓐの理由を，　　　から選んで書きましょう。

（　　　　　　　　　　）

米が足りなくなったから。　米があまるようになったから。
農家のあとつぎが増えたから。

(3) 下線部Ⓑに対して，農家はどんな努力をしていますか。次の㋐～㋒から１つ選んで，（　）に○を書きましょう。

㋐（　　　）きちんと休みをとれるようにする努力。

㋑（　　　）あまった米が出るように，たくさんの米をつくる努力。

㋒（　　　）安さではかなわなくても，味では負けない米づくりの努力。

答え➡別冊解答６ペー

22 農業のさかんな地域⑧

覚えよう　気候を生かした野菜・くだものづくり

野菜づくりと出荷のくふう

- **近こう農業**…大都市向けに野菜や花などを生産する農業。（大都市→人口が多いので，消費量も多い）
  ➡新せんな農作物を短時間で輸送できる，大都市に近いところでさかん。
- **高地での野菜づくり**…高地では，夏でもすずしい気候を生かして，レタスやキャベツなどを夏にさいばいして出荷している。
  ➡平地での生産が減り，市場に入荷が少なくなるときなので，高く売れる。
- **あたたかい地域での野菜づくり**…ビニールハウスや温室を利用して，ピーマンやなすなどの生長を早める野菜の早づくり（そく成さいばいという）を行っている。
  ➡市場に入荷の少ない冬から春にかけて出荷すると，高く売れるため。

くだものづくり

- **みかん**…あたたかい地域で，水はけがよく，日当たりのよい山のしゃ面でつくられる。
- **りんご**…雨が少なく，すずしい地域でつくられる。
- **ももやぶどう**…昼と夜の気温差が大きい地域で，水はけがよいところでつくられる。

▼東京の市場に入荷するなすの量と平均価格（なす→夏によくとれる）

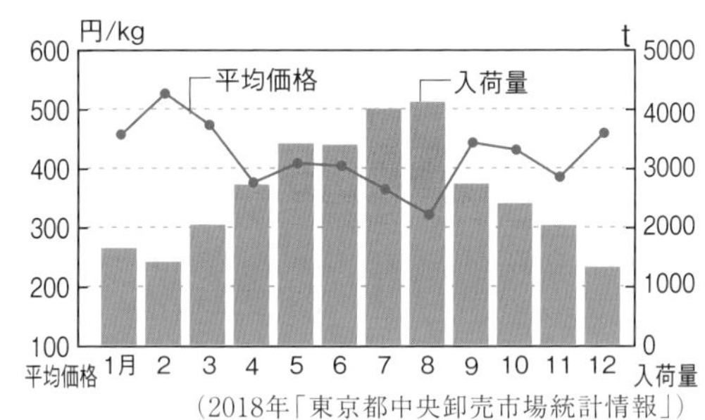

（2018年「東京都中央卸売市場統計情報」）

冬場は入荷量が少なく，価格が高い。
➡そく成さいばいで冬に出荷して高く売る。

1　次の問題に答えましょう。

（１つ５点）

(1)　近こう農業は，どのようなところでさかんに行われていますか。

（　　　　　　　　に近いところ）

(2)　次の①，②の野菜が市場に多く出荷される季節を，夏，冬から選んで書きましょう。

①　高地でさいばいされているレタス。　（　　　）

②　あたたかい地域の温室でさいばいされているなす。　（　　　）

(3)　次の①〜③にあてはまるくだものを，　　　から選んで書きましょう。

①　雨の少ないすずしい地域でつくられるくだもの。　（　　　）

②　昼と夜の気温差が大きい地域でつくられるくだもの。　（　　　）

③　あたたかい地域の水はけのよい土地でつくられるくだもの。（　　　）

みかん　　りんご　　もも

2 右の地図を見て，あとの問題に答えましょう。

（１つ８点）

(1) Ⓐ，Ⓑは，みかんとりんごのどちらでしょうか。(　)に書きましょう。

Ⓐ（　　　　　　）Ⓑ（　　　　　　）

(2) あの県では，なすのそく成さいばいがさかんです。この地域の気候を，　　から選んで書きましょう。

（　　　　　　　　　　）

夏でもすずしい気候　　冬でもあたたかい気候

(3) 夏の高地でさかんにつくられている作物を，　　から２つ選んで書きましょう。

（　　　　　）（　　　　　）

ピーマン　　キャベツ　　レタス　　米

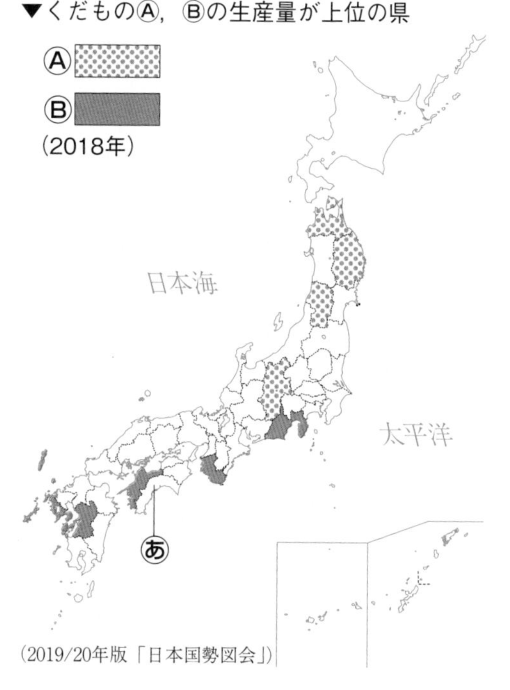

(2019/20年版「日本国勢図会」)

3 次の文章を読んで，あとの問題に答えましょう。

（１つ５点）

野菜づくりの農家は，さまざまなくふうをしています。Ⓐ大都市に近い地域では，大都市向けの野菜をつくっています。また，地域ごとの気候を利用して，Ⓑ少しでも高く売れるように，さいばい時期をくふうしています。

(1) 下線部Ⓐのような農業を何といいますか。（　　　　　）

(2) 下線部Ⓑについて，次の地域ではどのようなくふうを行っているでしょうか。次の文の①～④の(　)にあてはまることばを，　　から選んで書きましょう。

夏でもすずしい高地…すずしい気候に合った①（　　　　　）をつくり，市場に少ない②（　　　　　）に出荷。
冬でもあたたかい地域…③（　　　　　）や温室を利用し，野菜を④（　　　　　）して出荷。

野菜　　米　　冬　　夏　　ビニールハウス　　おそづくり　　早づくり

(3) (2)のように，冬でもあたたかい地域で，野菜の生長を早めてつくることを何といいますか。　　から選んで書きましょう。（　　　　　）

耕地(こうち)整理　　そく成さいばい　　そくせきさいばい

答え➡別冊解答6ペー

23 農業のさかんな地域⑨

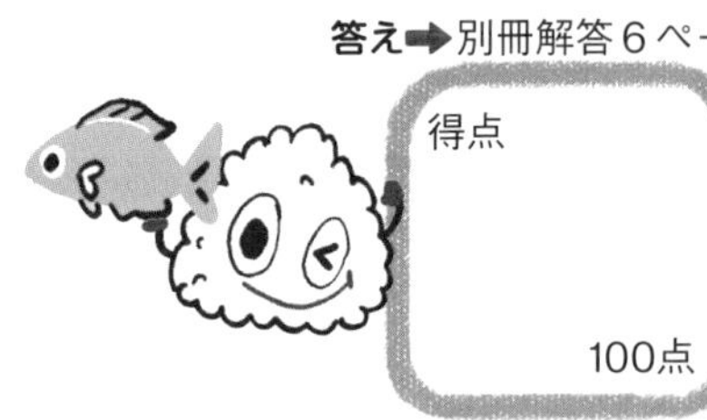

得点

100点

覚えよう　畜産のようす

畜産とは，家畜を育て，**牛乳**や**肉**，**たまご**などを生産する農業。**北海道**と**九州地方南部**でさかんに行われている。

畜産農家のなやみ

- **穀物の飼料代がかかる。**（└→外国からの輸入にたよっている）
- **安い外国産の肉や乳製品**などが輸入され，競争がはげしい。
- 家畜に**病気**が発生する。
- 牛を飼う場合には，**広い牧草地**が必要なこと。
- そうじなど大変な作業が多く，高れい化も進んでいる。

おもな家畜と生産物

▼おもな家畜の飼育頭羽数上位の道県

(2018年)

乳牛　肉牛　ぶた　にわとり（たまご）　にわとり（肉）

❶～❺は順位を示す。

- 北海道：乳牛❶　肉牛❶　ぶた❸　にわとり（肉）❺
- 青森：にわとり（肉）❹
- 岩手：乳牛❹　肉牛❺　にわとり（肉）❸
- 群馬：乳牛❺　ぶた❺　にわとり（たまご）❺
- 栃木：乳牛❷
- 茨城：にわとり（たまご）❶
- 千葉：ぶた❹　にわとり（たまご）❷
- 岡山：にわとり（たまご）❹
- 熊本：乳牛❸　肉牛❹
- 宮崎：肉牛❸　ぶた❷　にわとり（肉）❶
- 鹿児島：肉牛❷　ぶた❶　にわとり（たまご）❸　にわとり（肉）❷

(2019/20年版「日本国勢図会」)

乳牛…牛乳，バターなどの乳製品

肉牛，ぶた…肉，ソーセージ，ハムなど

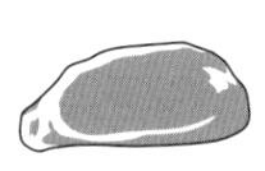

にわとり…肉，たまごなど

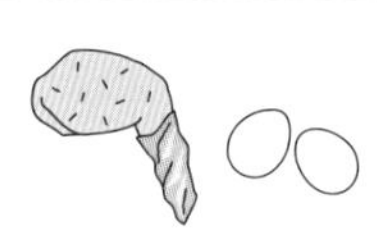

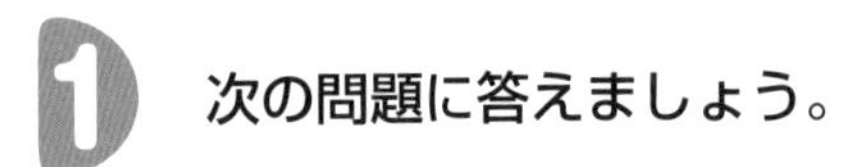

1 次の問題に答えましょう。

（1つ5点）

(1) 牛やぶた，にわとりなどを育てて，牛乳や肉，たまごなどを生産する農業を何といいますか。次の［　　］から選んで書きましょう。（　　　　）

家畜　　そく成さいばい　　畜産

(2) 次の①～③は，牛を育てて肉を生産している農家のなやみです。（　）にあてはまることばを，［　　］から選んで書きましょう。

① 穀物の飼料に（　　　　　　　　）こと。

② 牛を育てるには，広い（　　　　）が必要になること。

③ 外国から安い肉が（　　　　）され，競争がはげしいこと。

お金がかからない　　お金がかかる　　田や畑　　牧草地　　輸入　　病気

2 右の地図は，おもな家畜の飼育頭羽数上位の道県を表し，数字は順位を示しています。この地図を見て，あとの問題に答えましょう。

（１つ８点）

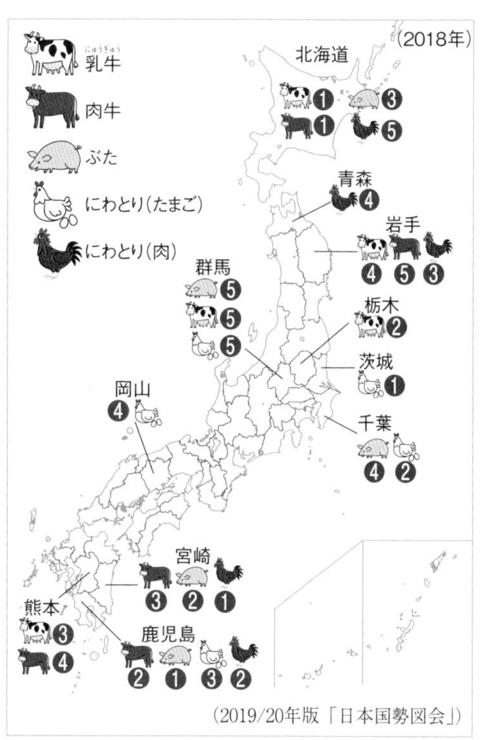

(2019/20年版「日本国勢図会」)

(1) 北海道が第１位となっている家畜を，２つ書きましょう。（　　　　）（　　　　）

(2) ぶたが第１位となっている県はどこですか。（　　　　）

(3) 次の文の（　）にあてはまることばを，　　から選んで書きましょう。

〔 北海道や九州地方南部の県では，（　　　　）土地を生かして，畜産がさかんに行われている。〕

広い　　すずしい　　あたたかい

(4) 右の製品を生産するために飼われている家畜の名前を書きましょう。（　　　　）

3 次の文章を読んで，あとの問題に答えましょう。

（１つ８点）

家畜を育て，牛乳や肉，たまごなどを生産する農業をⒶ畜産といいます。特に牛を育てるのは，Ⓑえさになる牧草をつくるためや，飼育するための広い土地の多い地域でさかんです。家畜の飼育頭羽数を都道府県別に調べると，肉牛と（　①　）は北海道，（　②　）は鹿児島県で，特に多く飼育されています。

(1) （①），（②）にあてはまる家畜の名前を書きましょう。

①（　　　　）②（　　　　）

(2) 下線部Ⓐの畜産を行う農家のなやみについて，次の文の㋐，㋑の（　）にあてはまることばを，　　から選んで書きましょう。

〔 畜産では㋐（　　　　）の多くを輸入にたよっており，費用がかさみます。また，外国から輸入される安い㋑（　　　　）などとの競争がはげしいことがなやみです。〕

肥料
飼料
肉や乳製品
肉やたまご

(3) 下線部Ⓑにあてはまる地域は，北海道とどこですか。　　から選んで書きましょう。

北海道と（　　　　）

九州地方北部　　庄内平野　　九州地方南部

答え➡別冊解答７ページ

24 水産業のさかんな地域①

覚えよう　日本の近海と漁港

日本の近海

大陸だなや，暖流と寒流のまじり合うところは，魚がよくとれるよい漁場となっている。
（→潮目または潮境とよばれる）（→漁業を行うための水域）

● **大陸だな**…**深さが200mくらいまで**の，ゆるやかなしゃ面の海底。川が養分を運んでくるため**プランクトン**が多く，魚が多い。
（→小魚のえさとなる小さな生物）

● **海流**…いつも決まった方向に流れている，海水の流れ。まわりの海水より**水温の高い暖流**と**水温の低い寒流**がある。

- 日本のまわりには，**４つの海流**（暖流と寒流が２つずつ）がある。
- 潮目・潮境…暖流と寒流がぶつかってまじり合うところをいう。暖流からは回遊魚が，寒流からは豊富な魚とプランクトンが流れてくるため，魚の種類が多く，よい漁場になる。
（→かつおやまぐろなど）（→たらやさけなど）

▼日本近海の海流とおもな漁港の水あげ量
（→漁業のしゅうかくのこと）

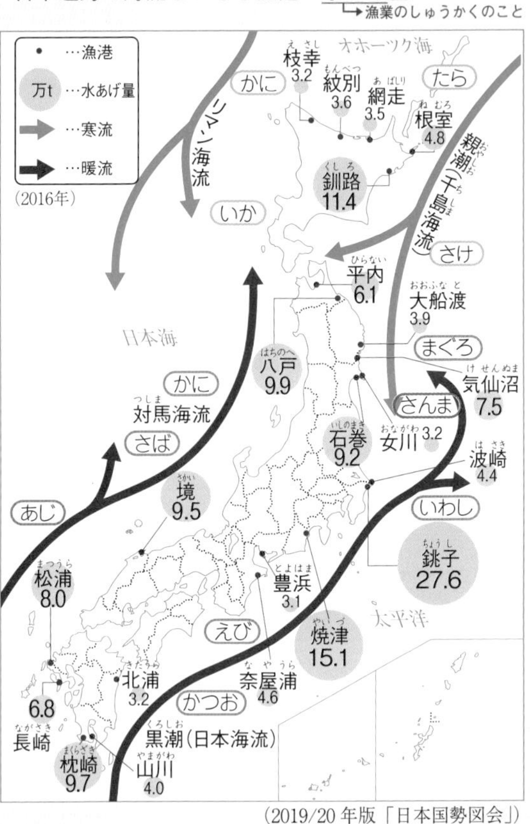

（2019/20 年版「日本国勢図会」）

1 次の問題の答えを，　　　から選んで書きましょう。

（１つ５点）

(1) 深さが200mくらいまでの，ゆるやかなしゃ面の海底を何といいますか。
（　　　　　　　　）

(2) いつも決まった方向に流れている，海水の流れを何といいますか。
（　　　　　　　　）

(3) (2)のうち，北から流れてくる，まわりより水温の低い海水の流れを何といいますか。
（　　　　　　　　）

(4) (2)のうち，南から流れてくる，まわりより水温の高い海水の流れを何といいますか。
（　　　　　　　　）

暖流　寒流　海流　漁場　大陸だな　プランクトン

2

右の地図は，日本近海の海流のようすを表しています。この地図を見て，あとの問題に答えましょう。（1つ5点）

(1) 地図中のⒶ，Ⓑはそれぞれ，暖流，寒流のどちらですか。

Ⓐ（　　　　　　）Ⓑ（　　　　　　）

(2) かつおは，Ⓐ，Ⓑどちらの海流で日本付近にやってきますか。記号を書きましょう。（　　）

(3) 日本近海を流れる暖流と寒流の名前を，　　から２つずつ選んで書きましょう。

暖流（　　　　　）（　　　　　）
寒流（　　　　　）（　　　　　）

黒潮　　リマン海流　　親潮　　対馬海流

(4) 大陸だなについてまとめた，次の文の（　）にあてはまることばを書きましょう。

〔 大陸だなには，小魚のえさとなる小さな生物の（　　　　　　）が多く，小魚をえさとする魚も多く集まる。〕

3

右の図は，日本の海岸付近のようすを表したものです。この図を見て，あとの問題に答えましょう。（1つ５点）

(1) 右の図の←→のはんいの海底を何といいますか。

（　　　　　　）

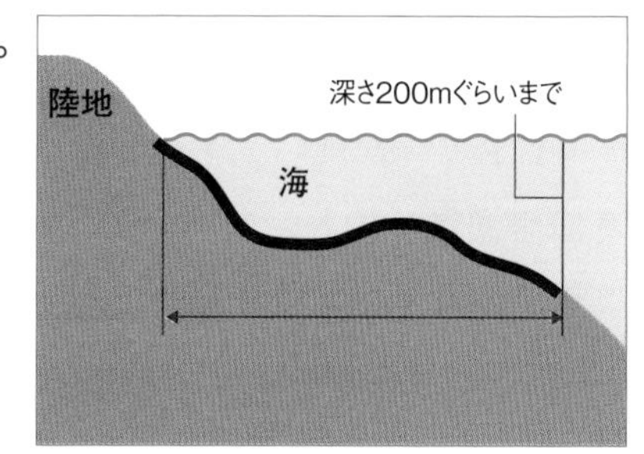

(2) 日本近海を流れる次の①～④の海流は，暖流ですか，寒流ですか。

①黒潮　（　　　　）②親潮　（　　　　）
③対馬海流（　　　　）④リマン海流（　　　　）

(3) 日本の近海について説明した，次の文の①～③の（　）にあてはまることばを，　　から選んで書きましょう。

〔 日本の近海には，北からの寒流と南からの暖流がある。海流によってすむ魚の種類はちがい，北からの寒流では①（　　　　　　）がとれ，プランクトンも豊富である。南からの暖流では②（　　　　　　）といった魚がとれる。南と北からの海流が③（　　　　　　）ところは，魚の量と種類が豊富なので，魚がよくとれるよい漁場となっている。〕

たらやさけ　　かつおやまぐろ　　とぎれる　　まじり合う

答え➡別冊解答７ページ

25 水産業のさかんな地域②

覚えよう 日本の漁業の種類

日本は「とる漁業」をさかんに行ってきたが，魚のとりすぎで日本近海の水産資源が減ってきた。また，外国の海で自由に魚をとることができないきまり（200海里水域➡62ページ）ができて，生産量が減ってきた。

➡魚をとるだけでなく，「育てる漁業」がさかんに行われるようになった。

とる漁業と育てる漁業

とる漁業…おもに船で漁場へ行き，あみなどを使って魚をとる。漁は天候に左右されやすく，時期によってとれる量が変わる。

- **遠洋漁業**…大型の船で，遠くの海まで出かけ，数か月から１年ぐらいかけて行う。
  ➡南太平洋やインド洋のかつお・まぐろ漁，北太平洋のさけ・ます漁など。
- **沖合漁業**…10トン以上の船で，80〜200kmくらいはなれた海で，数日がかりで行う。
  ➡いわし・かれい・さんまなど。
- **沿岸漁業**…10トン未満の船を使って，海岸近くの海で，日帰りで行う。
  ➡さば・あじ・たら・たいなど。

育てる漁業…水産資源としての魚の減少を防ぐために行われている。

- **養しょく漁業**…魚や貝などを，いけすなどのしせつで育て，大きくしてから出荷する。計画的に魚を育て，時期を決めて出荷できるため，生産量も収入も安定する。
  ➡はまち・うなぎ・ほたて貝・のりなど。
- **さいばい漁業**…たまごからかえして稚魚を育て，川や海へ放して大きくなったらとる。天然ものとして，高く売れる。
  ➡たい・ひらめ・えびなど。

▼漁業別生産量の変化

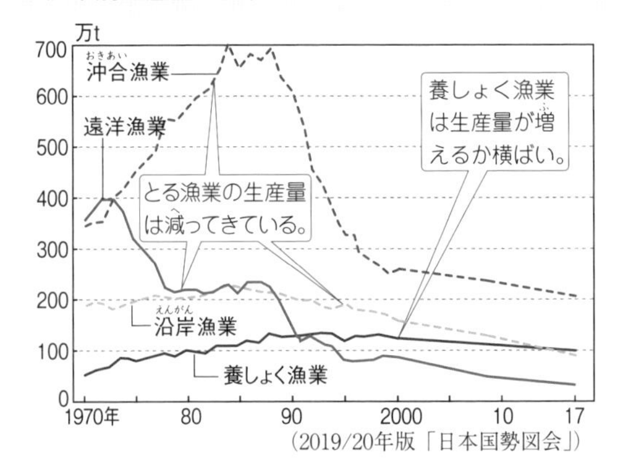

（2019/20年版「日本国勢図会」）

1 次の問題の答えを，［　］から選んで書きましょう。

（１つ８点）

(1) とる漁業にあてはまるものを３つ書きましょう。

（　　　　）（　　　　）（　　　　）

(2) 育てる漁業にあてはまるものを２つ書きましょう。

（　　　　）（　　　　）

沿岸漁業　　養しょく漁業　　沖合漁業　　さいばい漁業　　遠洋漁業

2 右のグラフは日本の漁業別の生産量の変化を表しています。このグラフを見て，あとの問題に答えましょう。

（1つ8点）

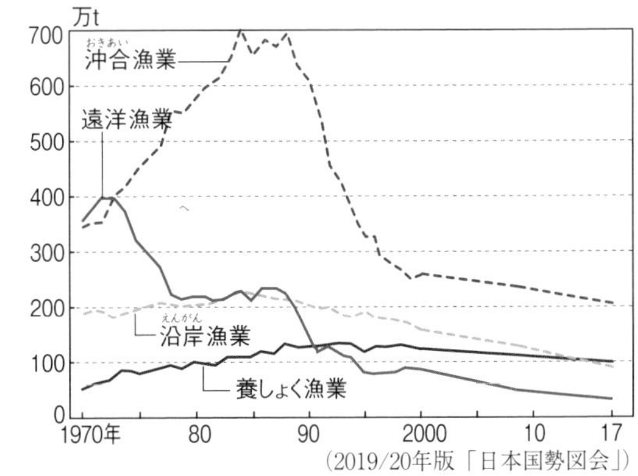

（2019/20年版「日本国勢図会」）

(1) 次の①～③の説明に合った漁業の種類を，グラフ中から選んで書きましょう。

① 大型の船で，遠くの海まで行き，数か月から１年ぐらいかけて，魚をとる。
（　　　　漁業）

② 10トン以上の船で，80～200kmくらいはなれた海に行き，数日がかりで魚をとる。
（　　　　漁業）

③ 10トン未満の船を使って，海岸近くの海で，日帰りで魚をとる。
（　　　　漁業）

(2) 次の①，②は，グラフからわかることです。（　）にあてはまることばを，　から選んで書きましょう。

① 1970年と2017年を比べると，遠洋漁業は，生産量が（　　　　）。

② 1970年と2017年を比べると，養しょく漁業は，生産量が（　　　　）。

増えている　　減っている

3 次の文章を読んで，あとの問題に答えましょう。

（1つ10点）

魚のとりすぎで日本近海の水産資源が減っています。また，外国の海で自由に魚をとることができないきまりができ，日本の漁業は，1985年ごろに比べて，生産量が減ってきています。そこで，Ⓐとる漁業だけでなく，Ⓑ育てる漁業もさかんに行われるようになりました。

(1) 下線部Ⓐのとる漁業のうち，現在最も生産量が多い漁業は何ですか。

（　　　　）

(2) 下線部Ⓑの育てる漁業の中の養しょく漁業は，とる漁業に比べて生産量も収入も安定しています。その理由について，次の文の（　）にあてはまることばを，　から選んで書きましょう。

［ 魚や貝などを（　　　　）で計画的に育て，大きくしてから時期を決めて出荷できるので，生産量も収入も安定する。］

遠くの海　　いけすなどのしせつ

答え➡別冊解答７ペー

26 水産業のさかんな地域③

得点

100点

覚えよう　とる漁業

とる漁業の特ちょう

とる漁業は，日によって魚のとれる場所や量が変わるので，魚のいる場所を正確につかむため，今は**コンピューターや魚の群れをさがす機械**を使っている。

魚のとり方

魚の種類によって，とり方やとれる季節，場所がちがう。

●まきあみ漁（遠洋，沖合漁業）

大きなあみで魚の群れを囲んでとる。

よい所…一度に同じ種類の魚を多くとることができる。

とる魚…あじ，いわし，さばなど。

●底引きあみ漁（遠洋，沖合漁業）

ふくろの形の大きなあみを船で引き，魚をとる。

よい所…海底近くの魚などをとれる。

とる魚…すけとうだら，ひらめ，かれいなど。

●いかつり漁

船にたくさんの電球をつけ，明かりでいかをよびよせて，つりあげる。

よい所…いかが明かりに集まる性質を利用し，いかだけをたくさんとることができる。

●定置あみ漁（沿岸漁業）

大きなあみを魚の群れがくるところにはり，入ってきた魚をとる。

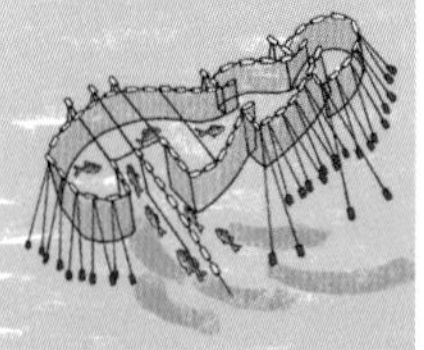

よい所…あみを移動しないで，ある種類の魚を多くとることができる。

とる魚…さけ，ます，いわしなど。

●一本づり漁（遠洋，沖合漁業）

えさをまいて集めた魚を，つりざおを使ってつる。

よい所…魚があまりきずつかない。

とる魚…かつお，まぐろなど。

●ぼううけあみ漁

船にたくさんの電球をつけ，魚がよびよせられたら，あらかじめしずめておいたあみを引き上げる。

よい所…魚があまりきずつかない。

とる魚…さんま，あじ，さば，いわしなど。

1 次の①～⑤の魚のとり方の名前を，　　　からそれぞれ選んで書きましょう。

（１つ８点）

① 大きなあみで，魚の群れを囲んでとる。（　　　）

② 大きなあみを魚の群れがくるところにはって魚をとる。（　　　）

③ ふくろの形の大きなあみを船で引き，海底近くの魚をとる。（　　　）

④ えさをまいて集めた魚をつりざおを使ってつる。（　　　）

⑤ 船にたくさんの電球をつけ，明かりでいかをよびよせて，つりあげる。（　　　）

いかつり漁　　一本づり漁　　定置あみ漁　　まきあみ漁　　底引きあみ漁

2 次の絵は魚のいろいろなとり方です。これらの絵を見て，あとの問題に答えましょう。

（１つ５点）

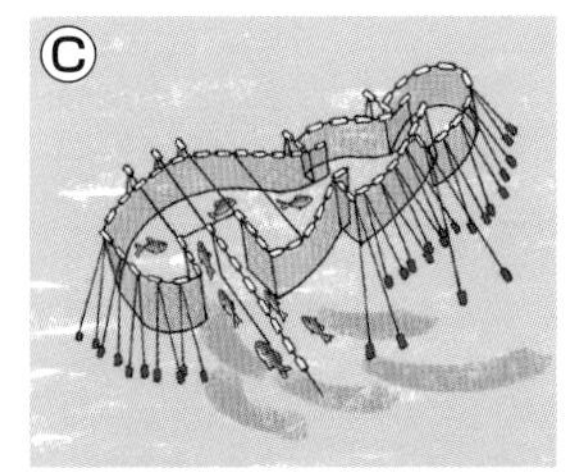

⑴　Ⓐ～Ⓓのよい所を，次の㋐～㋓からそれぞれ選んで，記号を書きましょう。（記号は一度しか使えません。）　Ⓐ（　　）Ⓑ（　　）Ⓒ（　　）Ⓓ（　　）

㋐　魚の通り道にあみをはるので，あみを動かさずに多くの魚をとることができる。

㋑　あみを深いところまでしずめるので，海底にいる魚をとることができる。

㋒　１ぴきずつ魚をつりあげるので，魚をあまりきずつけずにとることができる。

㋓　一度に同じ種類の魚を多くとることができる。

⑵　Ⓐ～Ⓓのとり方の名前を，それぞれ書きましょう。

Ⓐ（　　　　）Ⓑ（　　　　）

Ⓒ（　　　　）Ⓓ（　　　　）

3 次の文章を読んで，あとの問題に答えましょう。

（１つ５点）

魚は，日によってとれる場所や量が変わります。昔は経験（けいけん）やかんで，魚をさがしていましたが，今はコンピューターやⒶ機械を使うことで，正確（せいかく）に魚のいる場所がわかるようになりました。また，魚の種類によって，すむ場所やとれる季節がちがうので，それぞれに合ったⒷ魚のとり方をしています。

⑴　下線部Ⓐの機械は何のためのものですか。　　から選んで書きましょう。

（　　　　）

魚の種類を調べる。　魚の群れをさがす。　魚の大きさを測（はか）る。

⑵　下線部Ⓑの魚のとり方について，次の問題に答えましょう。

①　あみを使った漁のうち，魚の群れが決まったところを通る性質（せいしつ）を利用したとり方を何といいますか。（　　　　漁）

②　①のとり方は，おもにどの漁業で行っていますか。（　　　　漁業）

③　いかつり漁では，いかが何に集まる性質を利用していますか。　　から選んで書きましょう。（　　　　）

音　明かり　におい

答え➡別冊解答７ページ

27 水産業のさかんな地域④

得点　　100点

覚えよう　育てる漁業

養しょく漁業

いけすなどのしせつで魚や貝などを育て，**大きくしてから出荷**する漁業。波のしずかな湾や，入り江でさかん。のり，かき，はまち，うなぎ，ほたて貝，わかめ，など。

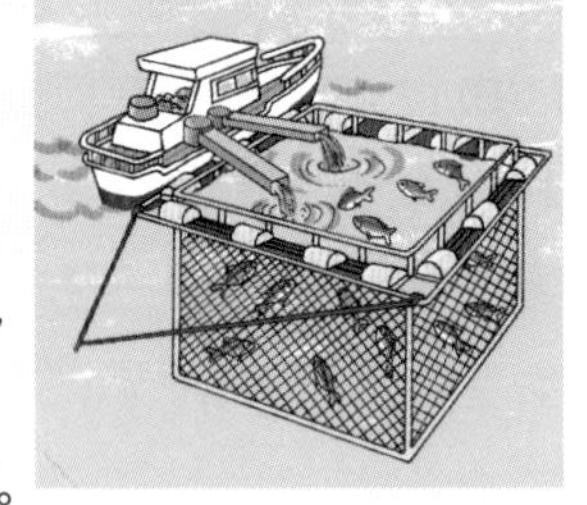

➡計画的に育て，時期を決めて出荷できるため，**生産量も収入も安定**する。

● **くふうと努力**
- 食べ残しを減らすためにえさの量を調節して，海をよごさないようにする。
- 大きくなるまで育てるため，魚同士がきずつけ合わないように注意する。

● **なやみ**
- えさやりやそうじなどの管理に手間がかかり，えさ代も高くつく。
- 海のよごれから起こる赤潮で，ひ害が出ることがある。
  └➡プランクトンが大量に発生し，海中の酸素が少なくなる。

さいばい漁業

たまごから人工的にふ化させた稚魚・稚貝をあるていど育ててから**川や海へ放流**して，**大きくなったものをとる**漁業。ほたて貝やえび，たい，ひらめなど。

➡あるていどまで成長させてから放流するので，ほかの魚にねらわれにくくなり，魚が多くとれるようになる。

● **くふうと努力**…一定の大きさよりも小さいものはとらないようにしている。

さいばい漁業の流れの例

①たまごからふ化させる。

②稚魚をあるていどまでいけすで育てる。

③海や川へ放流する。

④大きくなったものをとる。

1 右の２つの絵は，養しょく漁業とさいばい漁業のようすです。これらの絵を見て，あとの問題に答えましょう。　（１つ８点）

(1) Ⓐのように，魚や貝などを，いけすなどのしせつで育てて，大きくしてから出荷する漁業を何といいますか。
（　　　　　　漁業）

(2) Ⓑのように，たまごを人工的にふ化させ，稚魚・稚貝をあるていどの大きさに育ててから川や海へ放流して，大きくなったものをとる漁業を何といいますか。
（　　　　　　漁業）

Ⓐ　Ⓑ

2 右の図は，２種類の育てる漁業の流れを示(しめ)しています。これらの図を見て，あとの問題に答えましょう。

（１つ７点）

Ⓐ

魚や貝を（　※　）で育てる。

↓

成長したものをとる。

Ⓑ

魚をたまごからふ化させる。

↓

稚魚・稚貝をあるていど大きくなるまで（　※　）で育てる。

↓

海や川に放流する。

↓

成長したものをとる。

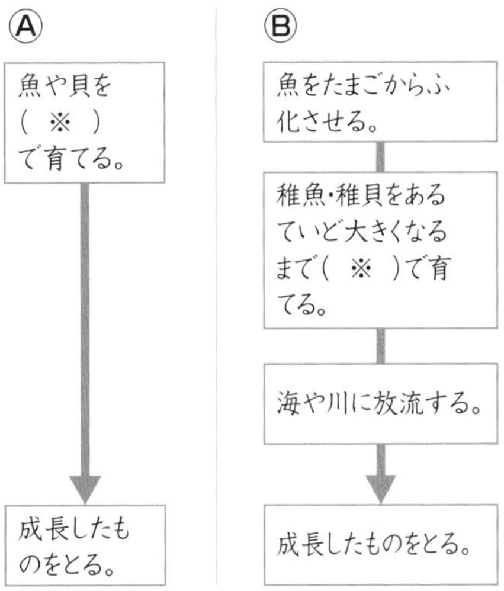

(1)　図中の（※）はどちらの漁業にも共通する魚を育てるためのしせつです。あてはまるものを，　　から選んで書きましょう。

（　　　　　）

いけす　　海　　川　　漁場

(2)　Ⓐ，Ⓑそれぞれの漁業の名前を書きましょう。

Ⓐ（　　　　　）

Ⓑ（　　　　　）

(3)　次の㋐，㋑は育てる漁業を続けるためのくふうです。これらはⒶ，Ⓑどちらの漁業にあてはまりますか。それぞれ選んで記号を書きましょう。

㋐　魚が減(へ)らないよう，成長していない魚や貝はとらない。（　　）

㋑　大きくなるまで育てるため，魚同士がきずつけ合わないように注意する。（　　）

3 次の文章を読んで，あとの問題に答えましょう。

（１つ７点）

魚や貝を育てる漁業には，Ⓐ人工的にふ化させた魚や貝をあるていど育ててから放流し，大きくなったものをとる漁業と，Ⓑいけすなどで育てて，大きくしてから出荷する漁業があります。魚を育てるだけでなく，（　※　）の研究も行い，かぎられた水産資源(しげん)を守っています。

(1)　下線部Ⓐ，Ⓑの漁業の名前をそれぞれ書きましょう。

Ⓐ（　　　　　）　Ⓑ（　　　　　）

(2)　下線部Ⓐ，Ⓑの漁業の特ちょうを，次の㋐〜㋓からそれぞれ２つずつ選んで，記号を書きましょう。　Ⓐ（　　）（　　）　Ⓑ（　　）（　　）

㋐　海のよごれから起こる，赤潮(あかしお)のひ害を受けやすい。

㋑　この漁業の対象(たいしょう)は，はまちやのり，かきなどが中心となっている。

㋒　ほかの魚にねらわれにくくなる大きさまで育ててから川や海に放す。

㋓　この漁業の対象は，ひらめなどが中心となっている。

(3)　文中の（※）にあてはまることばを，　　から選んで書きましょう。

（　　　　　）

病気の対応(たいおう)　　農薬の開発

答え➡別冊解答8ペー

28 水産業のさかんな地域⑤

得点

100点

覚えよう　魚がとどくまで

水産物の加工

とれた魚や貝などを新せんなまま冷とうしたり，すり身やかまぼこに加工したりするために，漁港の近くには**水産物の加工場**があるところが多い。

➡冷とうして遠くまで運ぶ。加工品にして消費者が使いやすくする。2017年では，全漁かく量の70%近くが冷とうしたり，かまぼこなどに加工されている。

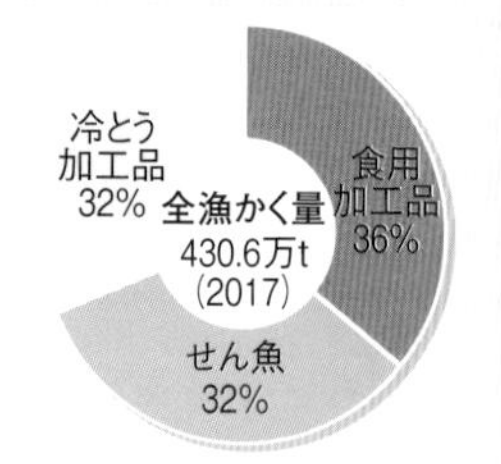

（農林水産省資料）

魚を運ぶときのくふう

●新せんさを保つくふう	●速く，大量にとどけるくふう
・遠くの海でとった魚は，漁船の中で**冷とう**する。 ・氷をつめた発ぽうスチロールの箱に入れる。	・トラック…高速道路を利用できる。消費地へ直接運べる。 ・**航空機**…最も速く運べるが，輸送費が高く，多くは運べない。（└➡高価なものを運ぶのに利用） ・フェリー…時間がかかるが，一度に大量の魚を運べる。 ➡**保冷**トラックごと運ぶ。

漁船

遠くでとれた魚は船の中で冷とうする。

漁港

港の魚市場

保冷トラック

（フェリー，航空機，高速道路なども利用して，速く大量に。）

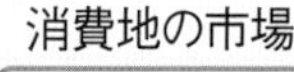

消費地の市場

店

家庭

▲魚が家庭にとどくまで

1 次の問題に答えましょう。

（1つ6点）

(1) 次の①，②は水産物の加工場についての説明です。（　）にあてはまることばを，から選んで書きましょう。

① とれた魚を（　　　　　）やかまぼこにする。

② 水産物の加工場は，漁港の（　　　　　）にあることが多い。

すり身　　さし身　　遠く　　近く

(2) 次の文に合った輸送の方法を，　　　から選んで書きましょう。

① 最も速く運べるが，輸送費が高く，一度に多く運べない。（　　　　　）

② 時間がかかるが，トラックごとたくさんの魚を運べる。（　　　　　）

③ 高速道路を使って，目的地まで速く運べる。（　　　　　）

航空機　　フェリー　　トラック

2 右の図は，魚が家庭にとどくまでの流れを表しています。この図を見て，あとの問題に答えましょう。

（1つ10点）

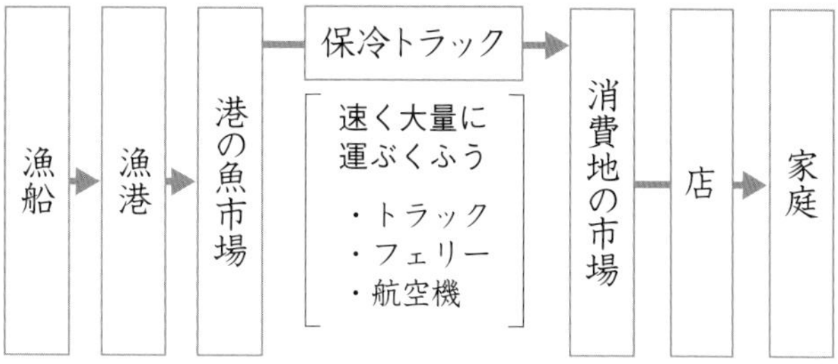

漁船 → 漁港 → 港の魚市場 — 保冷トラック → 消費地の市場 — 店 → 家庭

速く大量に運ぶくふう
・トラック
・フェリー
・航空機

(1) トラックが消費地(しょうひ)に，速く魚を運ぶために必要な，全国を結ぶ車専用の道路のことを何といいますか。

（　　　　　　道路）

(2) 保冷(ほれい)トラックの目的を，　　から選んで書きましょう。

（　　　　　　　　　　　　　）

魚を生きたままで運ぶこと。　魚の新せんさを保(たも)ちながら運ぶこと。

(3) 次の①，②のときに利用する交通手段(だん)は何ですか。図の中から選んで書きましょう。

① ねだんが高く，かさばらないものをいち速く運ぶとき。（　　　　　）

② トラックごと魚を運ぶとき。（　　　　　）

3 次の文章を読んで，あとの問題に答えましょう。

（1つ10点）

漁港に水あげされた魚は，まず，魚市場へ運ばれます。それから，Ⓐ低い温度を保(たも)つ設備(せつび)のある（　※　）に積まれて，消費地の市場へ運ばれます。輸送には，フェリーやⒷ航空機が使われることもあります。消費地の市場に着いた魚は，店やスーパーマーケットなどに売られ，家庭へとどきます。

(1) 下線部Ⓐの低い温度を保つ設備は，魚をどのようにするためのくふうですか。　　から選んで書きましょう。（　　　　　　　　）

死なせないため。　くさみをとるため。　新せんさを保つため。

(2) (※)にあてはまる，トラックの名前を書きましょう。

（　　　　　　　）

(3) 下線部Ⓑの航空機は，イクラなどを輸送するのに適(てき)しています。その理由について，次の文の（　）にあてはまることばを，　　から選んで書きましょう。

［イクラは（　　　　　　　　），かさばらないので，
輸送費の高い航空機を使っても利益(りえき)が出るから。］

くさりにくく　ねだんが高く　ねだんが安く

答え➡別冊解答８ペー

29 水産業のさかんな地域⑥

覚えよう　水産業の変化

日本の漁業の問題点

- とる漁業の生産量の減少…200海里水域のとりきめで漁場が少なくなったことや，魚をとりすぎたことなどが原因。
- 200海里水域…自国の沿岸から200海里（約370km）のはんいの海。排他的経済水域ともいう。1977年から，この水域でほかの国が漁をするときは，決められた量や種類の水産物しかとるのをみとめないなどの制限が行われた。
  ➡日本の遠洋漁業に大きなえいきょうをあたえた。
- 水産物輸入額は世界有数…冷とう技術が発達したため，日本から遠い国の水産物を輸送できるようになった。
- 漁業人口の減少…漁場がせまくなったり，環境が変化し，しゅうかくが減ったことや，収入が不安定なことなどが原因。
  ➡特にわかい人が少なくなった。

▼日本の水産物生産量と輸入量の変化

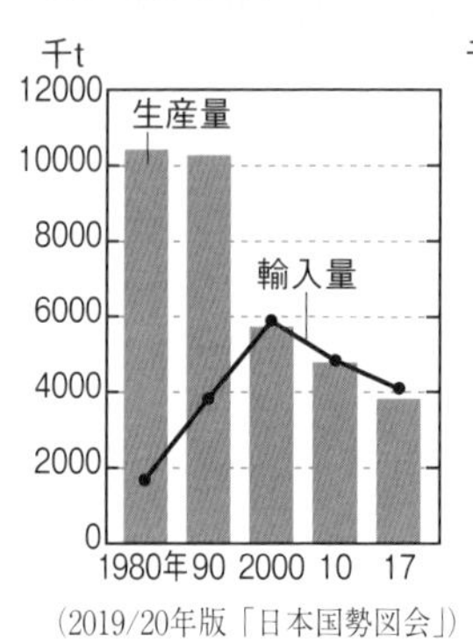

（2019/20年版「日本国勢図会」）

▼漁業で働く人の人数の変化

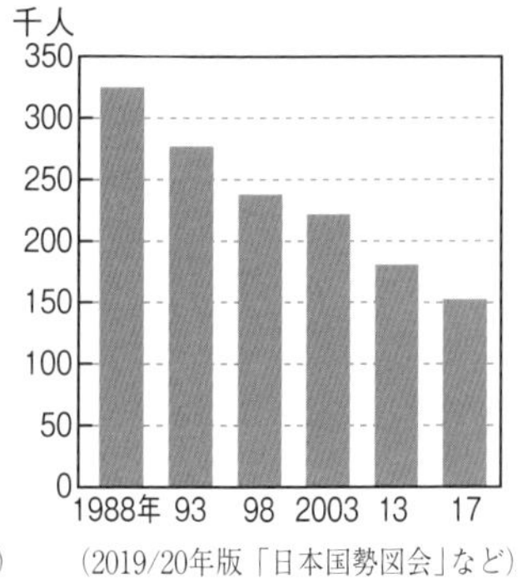

（2019/20年版「日本国勢図会」など）

▼日本と世界の200海里水域（排他的経済水域）

各国の200海里水域（排他的経済水域）　（※200海里は約370km）

1 右のグラフは，日本の水産物の生産量と輸入量の変化を表しています。このグラフを見て，あとの問題に答えましょう。（1つ10点）

(1) 1980年の生産量と輸入量で，多いのはどちらですか。

（　　　　　　　　）

(2) 輸入量と生産量がほぼ同じになったのは何年ですか。

（　　　　　　　　）

(3) 遠い国の水産物を輸入できるようになったのは，どのような技術が発達したためですか。

（　　　　　　技術）

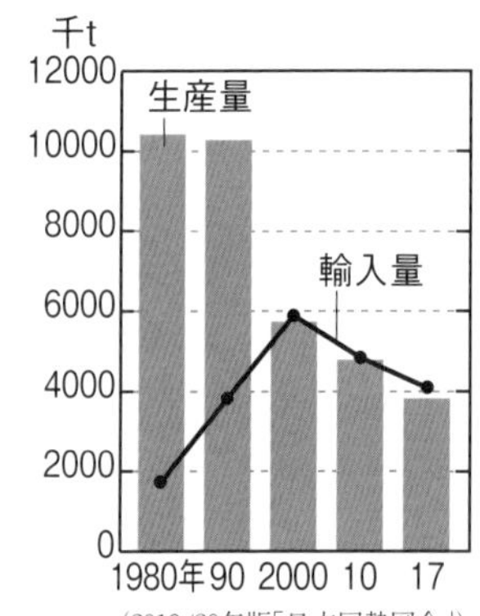

（2019/20年版「日本国勢図会」）

2

日本の水産業の変化についてまとめた次の①～③の文で，（　）にあてはまることばを，　　から選んで書きましょう。（1つ10点）

① 日本のとる漁業の生産量は，漁場が少なくなったことや，魚をとりすぎたことなどが原因で，近年大きく（　　　　　　　　）。

② 1977年から，各国の沿岸から（　　　　　　　　）のはんいの海では，ほかの国は自由に魚がとれなくなった。

③ 1977年から，世界の海で自由に魚がとれなくなったため，このころをさかいに，日本の（　　　　　　　　）は，生産量が大きく減った。

増えている　　減っている　　400海里　　200海里　　沿岸漁業　　遠洋漁業

3

右の地図は，世界の各国の沿岸から約370kmのはんいを示しています。この地図を見て，あとの問題に答えましょう。（1つ8点）

(1) 地図中の　　　のはんいの海のことを何水域といいますか。

（　　　　　　　　）

(2) (1)の水域が設けられたことも1つの要因となって，その後の日本の漁業には全体としてどのようなけい向が見られましたか。次の文の（　）にあてはまることばを，　　から選んで書きましょう。

［水産物の生産量が（　　　　　　　　）。］　　減ってきた　　増えてきた

(3) (1)の水域が設けられたことで，最も大きくえいきょうを受けた漁業は何ですか。　　から選んで書きましょう。（　　　　　　　　）

沿岸漁業　　養しょく漁業　　遠洋漁業

(4) 日本の漁業人口は年々減ってきています。その理由について，次の文の①，②にあてはまることばを，　　から選んで書きましょう。

［漁場が①（　　　　　　　　）なったり，環境が変化し，漁かく量が減ったり，収入が②（　　　　　　　　）ため。］

広く　　せまく　　安定している　　不安定な

答え➡別冊解答８ペー

30 これからの食料生産①

覚えよう　日本の食料自給率と輸入

日本の食料生産の問題点

食料消費量のうち，国内で生産された食料のわりあいを**食料自給率**という。
（食料消費量➡わたしたちが食べている食料の量）

- **日本の食料自給率**…ほかの先進工業国と比べると，きわだって低い状態が続いている。中でも**小麦**と**だいず**の自給率が低い。
  ➡働く人や，耕す土地の減少で農業や漁業の生産量が低下している。
- **日本の食料輸入量**…国内の生産で足りない食料は，輸入にたよっている。特に，自給率の低い小麦やだいずのほか水産物やくだものの輸入量が多い。
  ➡**小麦**はパンやうどん，**だいず**はみそやしょうゆ，とうふなどの原料として大量に使われている。
- **食料自給率が少ないが，**売れ残りや食べ残しなどの「**食品ロス**」が多いことも問題となっている。

▼おもな国の食料自給率

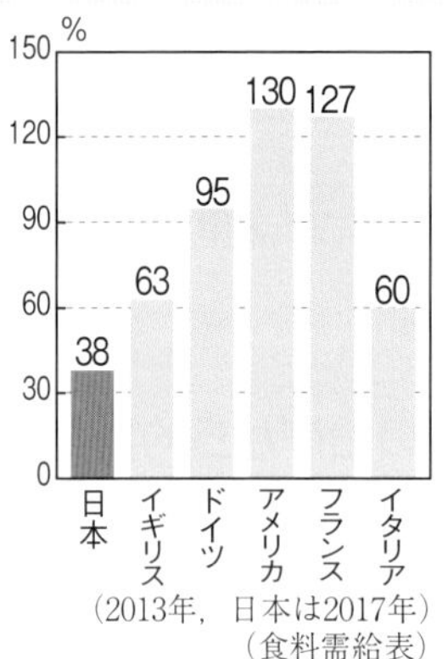

（2013年，日本は2017年）
（食料需給表）

▼日本の食料輸入額の変化

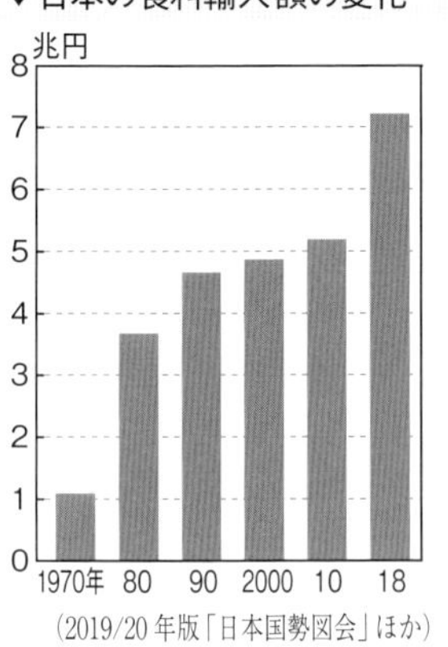

（2019/20年版「日本国勢図会」ほか）

▼日本の食料自給率の変化

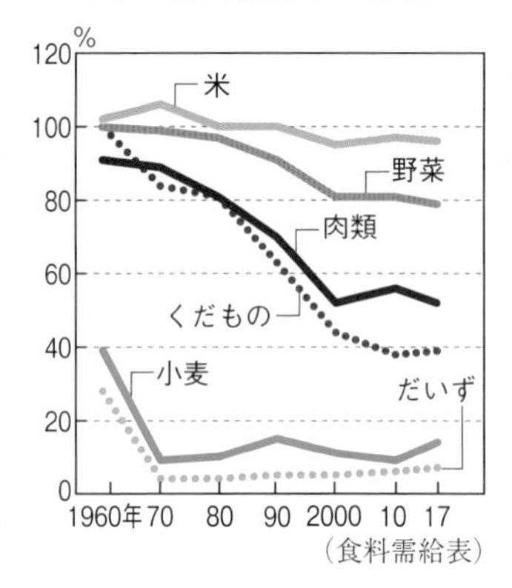

（食料需給表）

▼日本の食料輸入額のわりあい

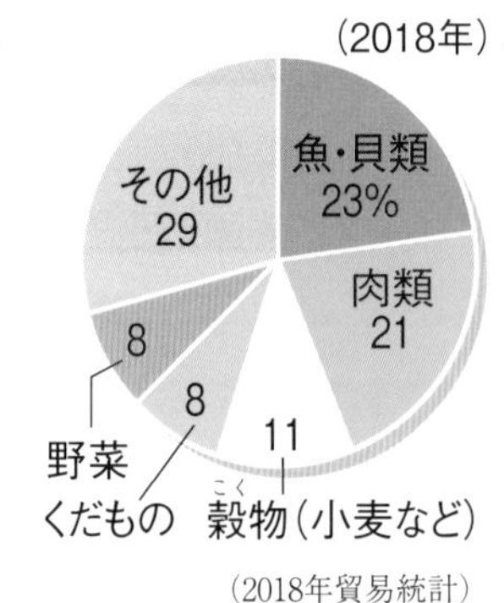

（2018年貿易統計）

1 次の問題に答えましょう。

（１つ７点）

(1) 次の文の①，②の（　）にあてはまることばを，　　　から選んで書きましょう。

> 食料自給率とは，①（　　　　　　）のうち，②（　　　　　　）で生産された食料のわりあいのことをいう。

食料輸入量　　食料消費量
国外　　国内

(2) 日本の食料自給率は，ほかの先進工業国と比べると高いですか，低いですか。

（　　　　　）

(3) 日本の食料の中で，特に食料自給率が低いものを，　　　から２つ選んで書きましょう。

（　　　　　）（　　　　　）

小麦　　米　　だいず　　野菜

2 右のグラフは，日本の食料消費量のうち，国内で生産された食料のわりあいの変化を表しています。このグラフを見て，あとの問題に答えましょう。 （1つ7点）

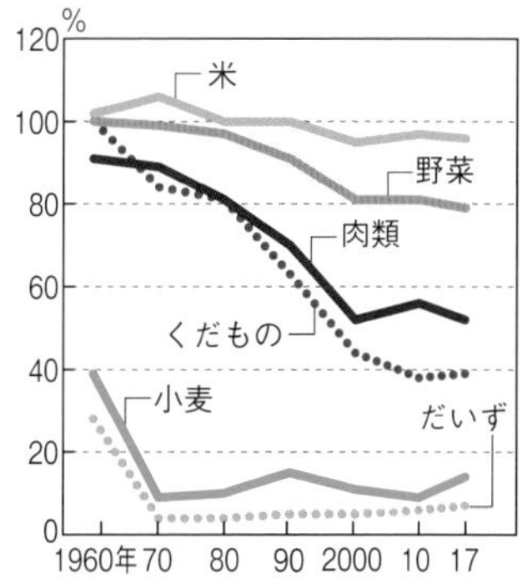

⑴ 食料消費量のうち，国内で生産された食料のわりあいのことを何といいますか。 （　　　　　）

⑵ 次の㋐といは，自給率が特に低い食料について説明したものです。それぞれの食料の名前を書きましょう。

㋐ うどんやパンなどの原料になっている。 （　　　　　）

㋑ みそやしょうゆ，とうふなどの原料になっている。 （　　　　　）

%
120
100
80
60
40
20
0
1960年 70 80 90 2000 10 17
米
野菜
肉類
くだもの
小麦
だいず
（食料需給表）

⑶ 次の①，②の（ ）にあてはまることばを，　　から選んで書きましょう。

〔 国内生産で足りない食料は，①（　　　　）にたよるようになり，食料輸入量は，年ごとに②（　　　　）。〕

輸入　　輸出　　減（へ）っている　　増（ふ）えている

3 次の文章を読んで，あとの問題に答えましょう。 （1つ5点）

食料消費量のうち，国内で生産された食料のわりあいを（ ① ）といいます。日本の（ ① ）は，世界のおもな国の中でも特に低く，なかなか上がりません。

また，売れ残りや食べ残しなどの（ ② ）が多い問題も改ぜんしなければなりません。

⑴ （①）にあてはまることばを書きましょう。 （　　　　　）

⑵ 日本で多くの食材の原料に使われるにもかかわらず，（①）のわりあいが特に低い食料を，2つ書きましょう。 （　　　　）（　　　　）

⑶ 下線部の理由について，次の㋐，㋑にあてはまることばを，　　から選んで書きましょう。

〔 ㋐（　　　　　）や耕（たがや）す土地が㋑（　　　　　）しているから。〕

いきものの数　　働く人　　増加（ぞうか）　　減少（げんしょう）

⑷ （②）にあてはまることばを，　　から選んで書きましょう。 （　　　　）

食料自給率　　食品ロス

答え➡別冊解答8ペー

31 これからの食料生産②

覚えよう　これからの食料生産

日本の食料生産で大切なこと

- **食料自給率を上げる**…輸入にたよらず，国内の食料生産を発展させる。
  ➡農作業の効率化や**地産地消**（地域でつくられた農産物をその地域で消費する）の取り組みを広める。
- **安全な食料**をつくる…安心して食べられる食料が求められているため，農薬（植物を病気や害虫から守る）や化学肥料をあまり使わない生産を進める。
  ➡近年，食品に生産者名や原材料を表示するなど，**トレーサビリティー**のしくみが整ってきている。
- **食品ロス**を減らす。

世界の食料生産の問題

- 世界の人口は今後も増加するにもかかわらず，それに見合った食料生産の増加は見こめず，**世界中で食料不足**になる可能性がある。
- 戦争や災害などのえいきょうで，現在も食料不足になっている国々がある。
  ➡世界の国々が，たがいに協力して食料の生産力を上げる努力が必要。

輸入食料と国内産食料のちがい

輸入食料	国内産食料
・**ねだんが安い**ため，消費者にとっては買いやすい。	・生産費が高くつくので，食料の価格は**高い**。
・農薬の使われ方など，**安全性をたしかめにくい**。	・生産者に直接聞けるので，**安全性をたしかめやすい**。
・生産国で不作になると，食料を輸入できなくなる可能性がある。	・安い輸入食料におされて売れなくなると，生産が減り，食料自給率がさらに下がる可能性がある。

▼世界の人口の移り変わり

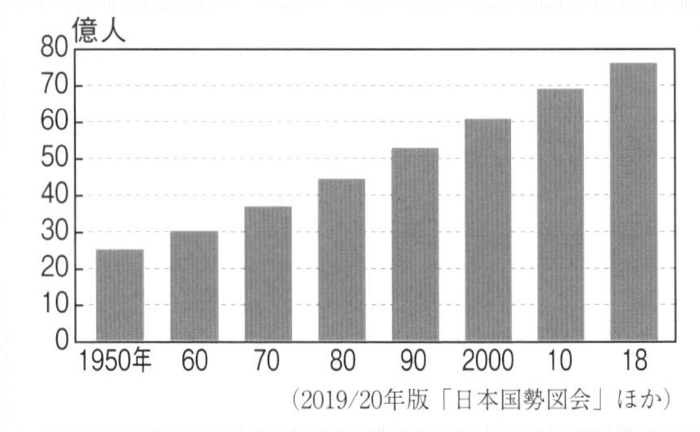

（2019/20年版「日本国勢図会」ほか）

1 次の問題に答えましょう。

（1つ10点）

(1) 日本の食料生産で大切なことを，□から2つ選んで書きましょう。

(　　　　　　　　)(　　　　　　　　)

食料自給率を上げること。　食料輸入量を増やすこと。
安全な食料をつくること。　農薬を今まで以上に使うこと。

(2) 農薬の使われ方など，安全性をたしかめやすいのは，輸入食料と国内産食料のどちらですか。　(　　　　　　)

(3) ねだんが安いため，消費者にとって買いやすいといえるのは，輸入食料と国内産食料のどちらですか。　(　　　　　　)

2 右の写真は，食品にはられたラベルです。この写真を見て，あとの問題に答えましょう。

（1つ10点）

(1) 写真の丸で囲まれた部分は，何を知らせていますか。次の文の（ ）にあてはまることばを，　　から選んで書きましょう。

〔この品物の（　　　　　　）を知らせている。〕

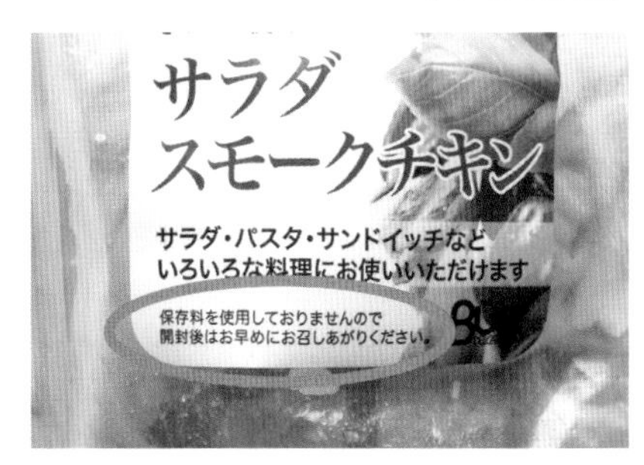

安全性　　ねだん　　商品名

(2) 輸入食料の特ちょうについて，次の文の（ ）にあてはまることばを，　　から選んで書きましょう。

〔生産者に直接たずねられないので，（　　　　　　）の使われ方などの安全性が，国内産よりたしかめにくい。〕

農業機械　　農薬　　カントリーエレベーター

3 次の文章を読んで，あとの問題に答えましょう。

（1つ10点）

近年，日本ではⒶ国内の食料生産を発展させるための取り組みがなされています。ねだんの安い輸入食料に負けないよう，効率のよい生産を進めたり，Ⓑ安全な食料の生産をめざしたりしています。一方，世界では人口が増えているにもかかわらず，それに見合った食料生産の増加は見こめず，今後，（　※　）が心配されています。そのため，世界の国々がたがいに協力して食料の生産力を上げることが必要になってきています。

(1) 下線部Ⓐについて，国内の食料生産が発展すると，どんなことにつながりますか。　　から選んで書きましょう。（　　　　　　）

輸入食料が増える。　　食料自給率が下がる。　　食料自給率が上がる。

(2) 下線部Ⓑの安全な食料をつくるため，農作物をつくるときに使用量をおさえるようにしているものを，　　から2つ選んで書きましょう。

（　　　　　　）（　　　　　　）

たい肥　　化学肥料　　農薬　　水

(3) 文中の（※）にあてはまることばを，　　から選んで書きましょう。

（　　　　　　）

人手不足　　食料不足　　水不足

答え➡別冊解答９ペー

32 単元のまとめ

得点

100点

1

右の地図は，日本の米のおもな産地を表しています。この地図を見て，あとの問題に答えましょう。（１つ５点）

（2019/20 年版「日本国勢図会」）

(1)　米づくりが特にさかんな地域は，北海道と北陸地方，東関東とどこですか。

（　　　　　地方）

(2)　米づくりに適している日本の気候について，次の文の（　）にあてはまることばを書きましょう。

〔夏に気温が高く，（　　　　　）が多い。〕

(3)　東北地方の太平洋側の地域では，夏に気温が上がらず，稲の穂が育たないことがあります。このようなひ害を何といいますか。

（　　　　　）

(4)　右の写真は，稲のなえを植える前に，田をたがやしているところです。この作業を何といいますか。（　　　　　）

(5)　右の写真のような農業機械で作業をしやすくするため，田を大きな長方形の形に整えることを何といいますか。（　　　　　）

(6)　写真のような機械を取り入れることにより，農業の作業時間はどのように変化しましたか。　　から選んで書きましょう。（　　　　　）

短くなった。　長くなった。　変化はない。

2

次のグラフは，東京の市場に入荷されるなすの量と平均価格を表しています。このグラフを見て，あとの問題に答えましょう。（１つ５点）

(1)　冬から春のなすの入荷量と平均価格について，次の文の（　）にあてはまることばを書きましょう。

〔市場に入荷される量がほかの季節よりも（　　　　　）ので，価格は高い。〕

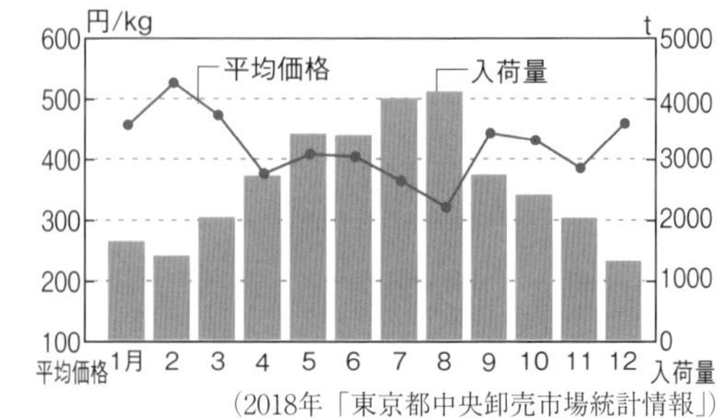

（2018年「東京都中央卸売市場統計情報」）

(2)　大都市に新せんな野菜や花を早くとどけるために大都市の近くで行われている農業を何といいますか。（　　　　　農業）

(3)　冬でもあたたかい地域で，ビニールハウスや温室を利用して，なすやピーマンなどの生長を早めるさいばい方法を何といいますか。（　　　　　）

3 右のグラフは，日本の漁業別生産量の変化を表しています。このグラフを見て，あとの問題に答えましょう。

（１つ８点）

(1) グラフ中のⒶは，他の漁業に比べて，生産量が落ちていません。この漁業を何といいますか。　（　　　　　）

(2) (1)の漁業のよい点について，次の文の（　）にあてはまることばを，［　］から選んで書きましょう。

〔計画的に魚を育てるため，（　　　　）が安定する。〕

生産量　消費量　輸入量

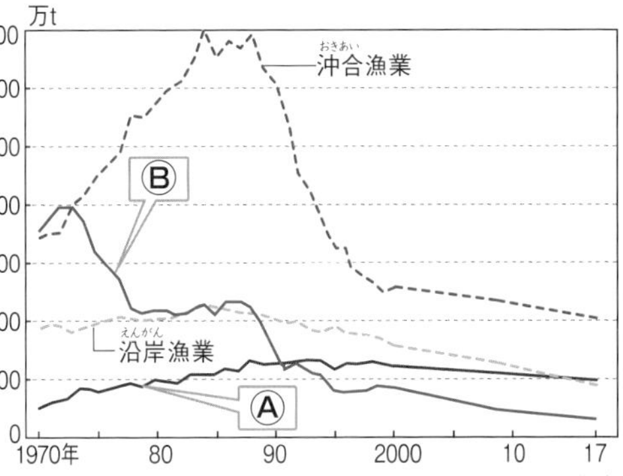

（2019/20年版「日本国勢図会」）

(3) グラフ中のⒷは，大型の船で遠くの海まで出かけ，数か月～１年ぐらいかけて行う漁業です。この漁業を何といいますか。　（　　　　　）

(4) (3)の漁業の生産量が減っている理由について，次の文の（　）にあてはまることばを，［　］から選んで書きましょう。

〔世界各国で（　　　　　）が定められたから。〕

さいばい漁業　200海里水域　400海里水域

(5) 漁業の生産量は減っていますが，輸入量も減っています。このことから考えられることを説明した次の文の（　）にあてはまることばを書きましょう。

〔国内の水産物の消費量が，昔に比べて（　　　　　）と考えられる。〕

4 次の文章を読んで，あとの問題に答えましょう。

（１つ５点）

現在，日本では（　①　）の低さが問題になっています。その理由の１つとして，農業や漁業をする人が（　②　）きたことがあげられます。今後は，（　①　）を上げるための取り組みが重要になってきます。

(1) 文中の（①），（②）にあてはまることばを，［　］から選んでそれぞれ書きましょう。　①（　　　　）②（　　　　）

食料自給率　食料輸入量　減って　増えて

(2) 下線部の取り組みについて，次の文の（　）にあてはまることばを，［　］から選んで書きましょう。

〔機械を使って広い耕地をたがやすなど，（　　　　　）を行う。〕

効率的な農業　手作業中心の農業　お金をまったくかけない農業

移動する桜前線

春になると，天気予報で「桜前線が北上してきました」，などというのを聞いたことがあるでしょう。

「桜前線」は，桜の開花時期が同じ地域を日本地図の上で結んだものが，天気図によく似ているところから，そうよばれます。秋の「カエデ前線（もみじ前線ともいう）」も同じです。紅葉の始まりが同じ地域を結んだものです。

「桜前線」は，１月中ごろの沖縄のカンヒザクラ（ヒカンザクラともいう）に始まって，５月の北海道のエゾヤマザクラ（またはチシマザクラ）で終わります。沖縄・北海道以外の地域では，「桜前線」でいう桜はソメイヨシノです。

桜前線は南から北へ

5.10
4.30
4.20
4.10
3.31
3.25
3.25
1.19
1.18
1.20

（気象庁資料）

「前線」は気象で使うことばで，「あたたかい空気とつめたい空気の境目」のことだよ。

カエデの紅葉は最低気温が10℃より下がると始まります。だから寒い地域から始まるのですね。

カエデ前線は北から南

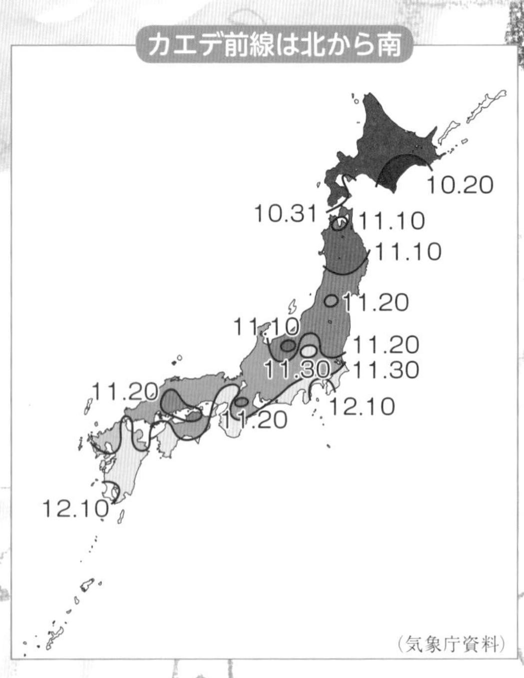

★さくらの開花が意味するもの

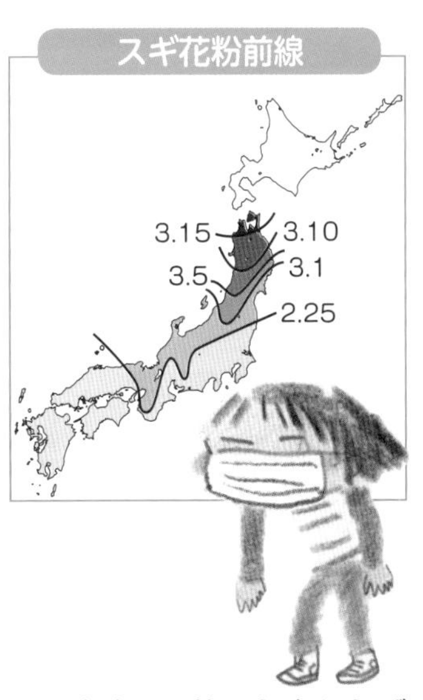

桜の開花やカエデの紅葉などのほか，植物の発芽・満開・落葉などを観測することを植物季節観測といいます。これによって，季節のおくれや早まり，地域による気候のちがい，植物が季節によって変化するようすなどを観測しているのです。

このような情報がない時代には，桜の開花は春のおとずれを告げる大切な目安でした。米づくりはもちろん，春に種をまく作物の農作業の開始を告げるものでした。桜は，同じ地域ならいっせいに開き，満開になります。しかも，10日前後で散ります。農作業をせかされている感じがしたのかもしれません。

カエデは，冬支度を始める時期が近づいていることを知らせます。ところで，農作業とは関係ありませんが，最近では日本人の多くがかかっているスギ花粉症に備えて，スギ花粉前線が発表されています。日本人は，昔から変わらず，植物に季節を感じているのですね。

考えてみよう

月日	気温	月日	気温	月日	気温	月日	気温	月日	気温	月日	気温
2/1	8.3	2/11	4.6	2/21	14.8	3/3	10.4	3/13	19.1	3/23	9.0
2/2	12.6	2/12	11.1	2/22	13.7	3/4	9.5	3/14	14.3	3/24	15.4
2/3	13.4	2/13	8.6	2/23	14.7	3/5	15.8	3/15	15.0	3/25	15.0
2/4	19.4	2/14	8.5	2/24	13.6	3/6	14.2	3/16	13.9	3/26	15.9
2/5	8.8	2/15	5.3	2/25	17.1	3/7	10.3	3/17	15.3	3/27	19.7
2/6	7.7	2/16	13.9	2/26	12.5	3/8	12.5	3/18	14.5	3/28	16.9
2/7	16.5	2/17	11.8	2/27	10.6	3/9	16.9	3/19	19.2	3/29	9.3
2/8	10.6	2/18	14.6	2/28	7.6	3/10	16.4	3/20	21.5	3/30	11.7
2/9	3.5	2/19	12.8	3/1	13.1	3/11	17.8	3/21	22.3	3/31	16.3
2/10	7.9	2/20	19.5	3/2	14.7	3/12	17.1	3/22	23.9		

(1) 桜の開花時期を予想できる計算式があります。目安なので，ぴったりにはならないかもしれませんが，やってみましょう。

【方法】その年の2月１日から毎日，最高気温を足し算していって，合計が600度をこえた日に開花するというものです。

・2019年の「東京」の開花日は3月21日でした。2月1日から3月31日までの最高気温の数字をあげてあります。600度をこえるのはいつでしょう。実際の開花日と合っているでしょうか。

(2) 「カエデ前線」は，沖縄には南下しません。なぜだと思いますか。あなたの考えを書きましょう。

※書き方の例は別冊解答の16ページ

答え➡別冊解答９ペー

33 自動車工場①

得点

100点

覚えよう　自動車づくりのようす

自動車をつくる工場

● **自動車工場の建物**…自動車工場には，作業ごとに別々の工場の建物がある。
➡効率（こうりつ）よく作業を進めるため，①プレス工場➡②車体工場（ようせつをする）➡③とそう工場➡④組み立て工場➡⑤検査（けんさ）場の順にならんでいる。

● **自動車生産の流れ**…**分業**と**流れ作業**による組み立てで，自動車を大量生産している。

①プレス
プレス機で，うすい鉄板を曲げたり，型（かた）を打ちぬいたりする。屋根やゆか，ドアなどをつくる。

②ようせつ
ロボットを使って，屋根やゆか，ドアなどをつなぎ合わせて，車体を仕上げる。

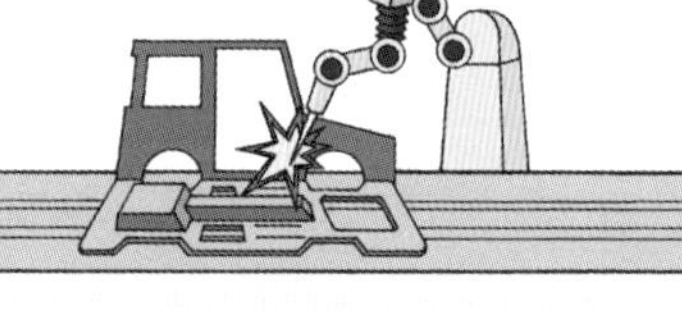

③とそう
買う人の注文に合わせてさまざまな色にぬる。さびないよう何回もとそうする。

④組み立て（組み立てライン）
ベルトコンベヤー上を移動する車体に，エンジンやシートなどの部品を順番に取りつける。

⑤検査
ブレーキのききぐあいやライトがつくかなど，さまざまな検査をする。

● **ロボット**
人のかわりに作業を自動で行う機械。くり返し作業や，きけんな作業をするところで使われている。

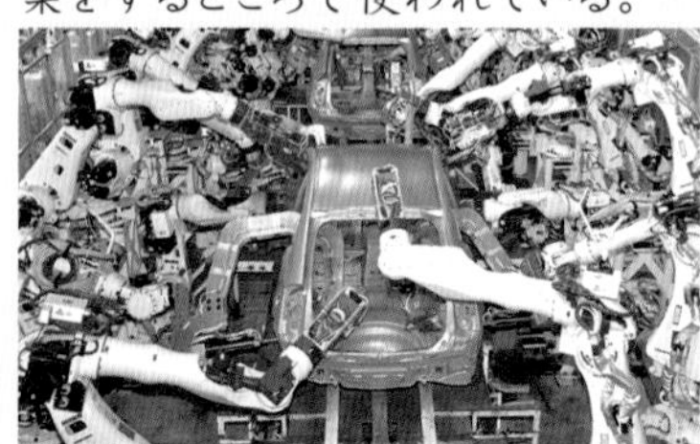

▲ロボットによるようせつ

1　次の(1)～(5)の自動車づくりの作業の名前を，□から選んで書きましょう。

（１つ７点）

(1)　うすい鉄板を曲げたり，打ちぬいたりして，屋根やゆか，ドアなどをつくる。（　　　　）

(2)　屋根やゆか，ドアなどをつなぎ合わせて，車体を仕上げる。（　　　　）

(3)　車体をさまざまな色にぬる。（　　　　）

(4)　エンジン，タイヤ，シートなどの部品を車体に取りつけていく。（　　　　）

(5)　ブレーキのききぐあいやライトのつき方など，問題がないかを調べる。（　　　　）

ようせつ　　検査（けんさ）　　とそう　　組み立て　　プレス

2 次の㋐～㋓は，自動車づくりの作業のようすを表しています。これらの絵を見て，あとの問題に答えましょう。

（(1)はすべてできて９点，ほかは１つ８点）

㋐ 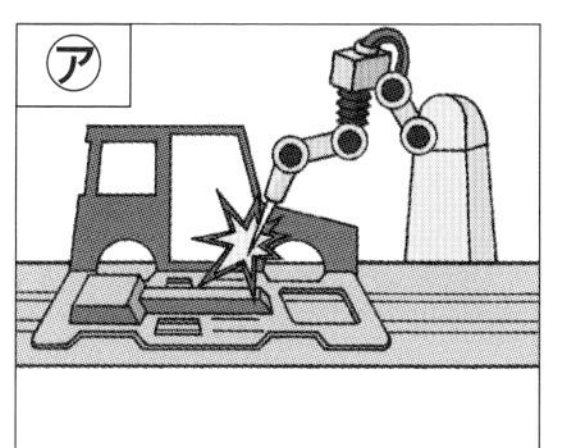
㋑ 
㋒ 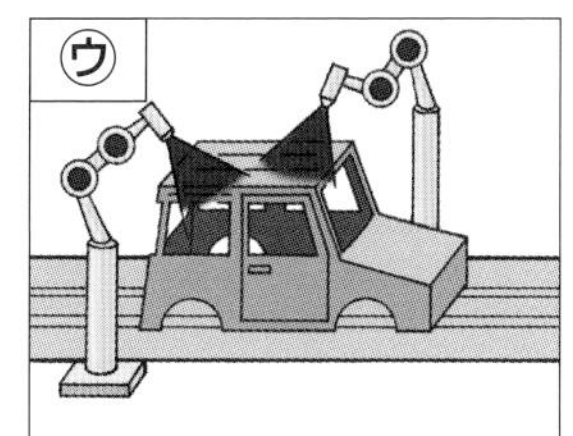
㋓ 

(1) 正しい順番になるように，㋐～㋓をならべ，記号を書きましょう。

（　　）→（　　）→（　　）→（　　）→検査

(2) ㋐，㋒のような，くり返し作業やきけんな作業を，人間のかわりにする機械を何といいますか。

（　　　　　　）

(3) ㋑は，ベルトコンベヤーにのって移動（いどう）してくる車体に，部品を次々と順番に取りつけていきます。このような方法の作業を何といいますか。

（　　　　　　作業）

3 次の文章を読んで，あとの問題に答えましょう。

（１つ８点）

自動車工場では，さまざまな作業をして，自動車をつくっています。まず，Ⓐ鉄の板を打ちぬいたり曲げたりして屋根やゆかなどをつくり，それらをⒷつなぎ合わせて車体をつくります。仕上がった車体は，とそうし，Ⓒ多くの部品を取りつけていきます。最後に，検査を行い，合かくすると完成です。

(1) 下線部Ⓐ，Ⓑの作業を何といいますか。

Ⓐ（　　　　　　）　Ⓑ（　　　　　　）

(2) 下線部Ⓒの作業について，次の文の①，②の（　）にあてはまることばを書きましょう。

［ 車体に部品を取りつける作業を①（　　　　　　）という。ベルトコンベヤーにのって運ばれてくる車体に，さまざまな部品を順番に取りつけていく。このような方法の作業を②（　　　　　　）という。 ］

(3) 自動車工場で行われているくふうについて，次の文の（　）にあてはまることばを，　　から選んで書きましょう。

［ 効率（こうりつ）よく作業を進めるため，（　　　　　　）にあわせて工場を配置している。 ］

作業の順番　　ロボットの数　　自動車の種類

答え➡別冊解答９ペー

34 自動車工場②

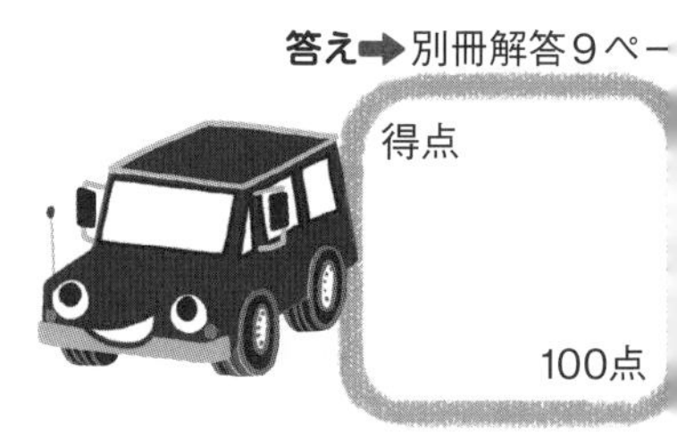

覚えよう　自動車の部品をつくる工場

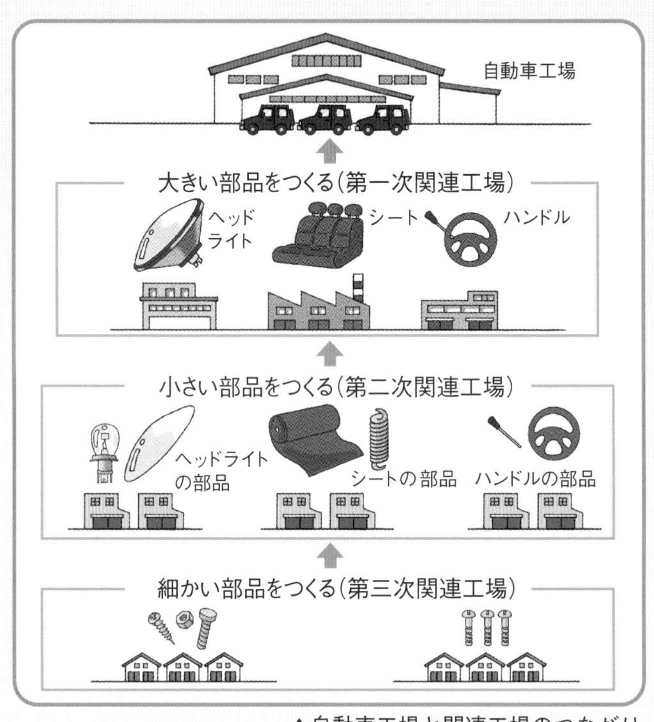

▲自動車工場と関連工場のつながり

関連工場

- **関連工場**…注文にしたがい，自動車の**部品をつくる工場。**
  - 部品には，シートやハンドルといった大きなものから，ねじなどの細かいものまである。
  - つくりすぎないように，決められた種類と数の部品をつくる。
  - 部品に使われる鉄やアルミニウムなどは，世界中から輸入(ゆにゅう)されている。

関連工場で気をつけていること

- 不良品を出さないこと。
  ➡機械の点検(てんけん)や検査(けんさ)をしている。
- 決められた時間に，必要な部品を，必要な数とどけること。(ジャスト・イン・タイム方式)
  ➡守られないと，自動車工場の生産作業が止まってしまう。

関連工場のなやみ

- 部品の注文は，自動車の生産台数によって増(ふ)えたり減(へ)ったりする。
  ➡生産台数が減ると，つくる部品の数も減ってしまう。

1　次の問題に答えましょう。

（１つ10点）

(1)　自動車の部品をつくる工場を，□から選んで書きましょう。
（　　　　　　）

組み立て工場　車体工場　関連工場

(2)　次の①，②は，(1)の工場で気をつけていることです。（　）にあてはまることばを，□から選んで書きましょう。

①　（　　　　　　）を出さないこと。

②　つくった部品を（　　　　　　　　　）とどけること。

不良品　完成品　注文より少なめに　決められた時間までに

2 次の図は，自動車工場と関連工場のつながりを表した図で，➡はつくった部品の流れを示しています。この図を見て，あとの問題に答えましょう。

（１つ10点）

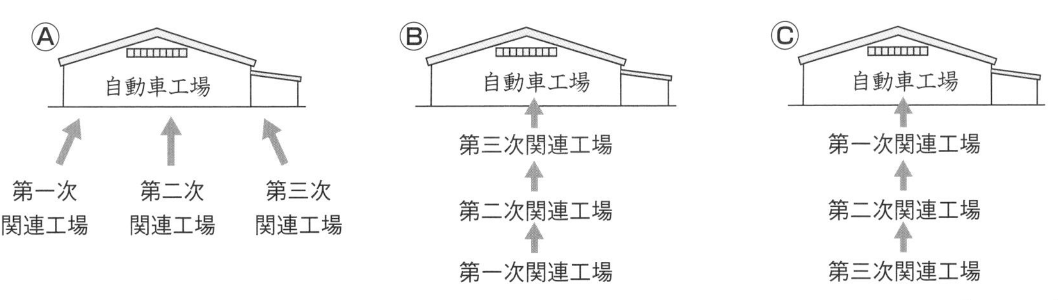

(1) Ⓐ～Ⓒのうち，正しい図を選んで，記号を書きましょう。（　　）

(2) 関連工場は，つくった部品をどのように自動車工場へとどけていますか。次の文の（　）にあてはまることばを，　　から選んで書きましょう。

〔　自動車工場の（　　　　　　　　　　　　）ように，部品は決められた時間までにとどけている。〕

生産作業が早まる　　生産作業が止まらない　　生産作業が止まる

(3) 関連工場がつくる部品の数は，何によって増えたり減ったりしますか。　　から選んで書きましょう。（　　　　　　　　）

自動車の生産台数　　自動車のねだん　　部品のつくり方

3 次の文章を読んで，あとの問題に答えましょう。

（(1)は１つ10点，(2)は１つ20点）

自動車１台には約３万個の部品があり，そのほとんどは（　①　）でつくられています。シートなどの大きな部品をつくる（　①　）では，自動車工場からの（　②　）にしたがって部品をつくり，決められた時間にとどけるようにしています。また，大きな部品をつくるために必要な小さな部品や細かい部品などにも，それらをつくる（　①　）があります。

(1) （①），（②）にあてはまることばを書きましょう。

①（　　　　　　）②（　　　　　　）

(2) 下線部について，決められた時間に部品がとどかないと，自動車工場はどうなりますか。次の文の（　）にあてはまることばを，　　から選んで書きましょう。

〔部品がとどくまで（　　　　　　　　　　）ことになる。〕

ほかの部品で生産作業を行う　　生産作業をはやく行う　　生産作業を止める

答え➡別冊解答９ペ－

35 自動車工場③

得点

100点

覚えよう　自動車がとどくまで

自動車の運び方

- 高速道路などを利用して**すばやく運べるキャリアカー**（自動車の運ぱん専用トラック）や，**一度にたくさん運べる船**を使う。

▲キャリアカー

▲自動車を運ぶ船のようす

- 工場から遠い地域や外国へは，各地の港まで船で運ぶ。船が着いた港からはん売店までは，キャリアカーで運ぶ。

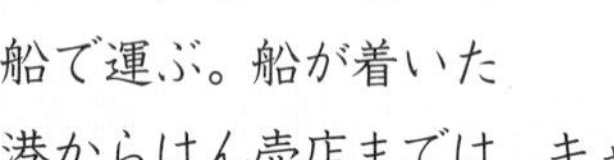

- 工場に近い地域へは，直接キャリアカーで運ぶ。

運ぶときに注意すること

➡きずがついたり，いたんだりしないようにする。

- 船で運ぶとき…車体にカバーをはったり，自動車が動かないように固定したりする。
- キャリアカーで運ぶとき…ゆっくりと積みおろしをしたり，自動車が動かないように固定したり，シートをかけたりする。

▼きずがつかないようにするシート

1　次の問題に答えましょう。

（１つ10点）

⑴　右の写真の，完成した自動車を運ぶためのトラックを何といいますか。

（　　　　　　　　　）

⑵　⑴や船を使って自動車を運ぶときに注意することとして，次の文の（　）にあてはまることばを，　　から選んで書きましょう。

〔　車がいたんだり，（　　　　　　　　　）しないよう，注意して運んでいる。〕

人が乗ったり　　きずがついたり　　部品を取りつけたり

2 次の図は，自動車を運ぶときの流れを表しています。この図を見て，あとの問題に答えましょう。

((1)は１つ10点，(2)は１つ15点)

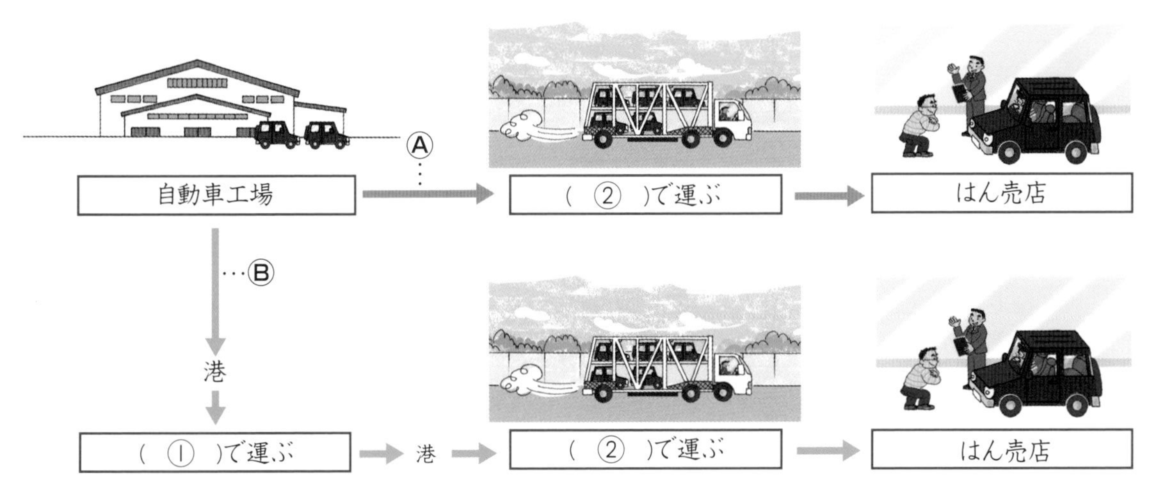

(1) 図中の(①)，(②)にあてはまることばを書きましょう。

①(　　　　　) ②(　　　　　　　)

(2) 完成した自動車を工場から遠い地域(ちいき)や外国へ運ぶ場合は，Ⓐ，Ⓑどちらの流れになりますか。記号を書きましょう。

(　　)

3 次の文章を読んで，あとの問題に答えましょう。

(１つ15点)

自動車工場でつくられた自動車は，各地へ運ばれていきます。工場から近い地域へは，Ⓐ自動車の運ぱん専用トラックで直接(ちょくせつ)運びます。工場から遠い地域へは，各地の港までⒷ船で運び，港からは，専用のトラックで運びます。運ぶときには，Ⓒ自動車が動かないように固定したり，カバーをはったりしています。

(1) 下線部Ⓐの自動車の運ぱん専用のトラックを何といいますか。

(　　　　　　　)

(2) 下線部Ⓑの船を使った輸送(ゆそう)のよい点は，どのようなことですか。　　から選んで書きましょう。

(　　　　　　　　　　)こと。

すばやく運べる　一度にたくさん運べる　組み立てながら運べる

(3) 下線部Ⓒのようなことをしているのは，なぜですか。　　から選んで書きましょう。

(　　　　　　　)を防(ふせ)ぐため。

ぬすまれること　そう音　きずやいたみ

答え➡別冊解答10ページ

36 自動車工場④

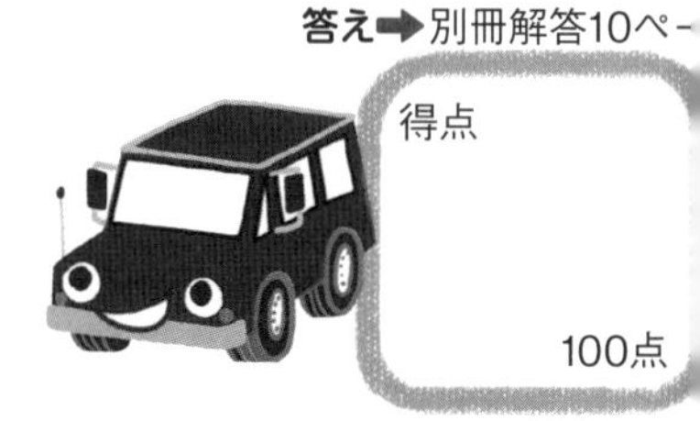

覚えよう　自動車工場のくふう

働く人へのくふう

- 同じ作業をくり返し行うとまちがえたり，けがをしたりすることがあるので，**受けもつ作業を入れかえている。**
- 効率よく生産するために二交代制のきんむが行われているが，**働く人の健康**を考えて，夜中の仕事は少なくしている。
- **食堂や売店，病院などのしせつ**がある。

環境に対するくふう

- 工場から出る**はいき物は，できるだけ少なくしている。**
- 金属のくずを金属会社に買い取ってもらったり，部品に再利用したりしている。
- 工場から出る排水は，排水しょ理しせつできれいにしてから海に流したり，工場内で再利用したりしている。
- 地域にすむ人々の環境を考えて，工場のしき地内に木や草を多く植えて景観をよくしたり，そう音を小さくしている。

▼自動車工場でのきんむ（例）

午前　午後　午前
6時 7 8 9 10 11 0 1 2 3 4 5 6 7 8 9 10 11 0 1 2 3 4 5
きんむ　休けい　きんむ　食事　きんむ　休けい　きんむ　（朝からのきんむ）
きんむ　休けい　きんむ　食事　きんむ　休けい　きんむ　（夕方からのきんむ）

1

次の①～③は，自動車工場が，働く人や環境に対して行っているくふうです。（　）にあてはまることばを，　　　から選んで書きましょう。（１つ10点）

① 同じ作業をくり返し行っていると，（　　　　　　　　）ことがあるので，一人の人が受けもつ作業を入れかえている。

② 働く人の健康や安全を守るため，（　　　　　　　　）は，少なくするようにしている。

③ 工場から出るはいき物は，できるだけ（　　　　　　　　）している。

まちがえたり，けがをしたりする　　仕事になれてくる
昼間の仕事　　夜中の仕事　　少なく　　多く

2 次の図は，ある自動車工場でのきんむのようすです。この図を見て，あとの問題に答えましょう。

（(1) は 10 点，ほかは 1 つ 12 点）

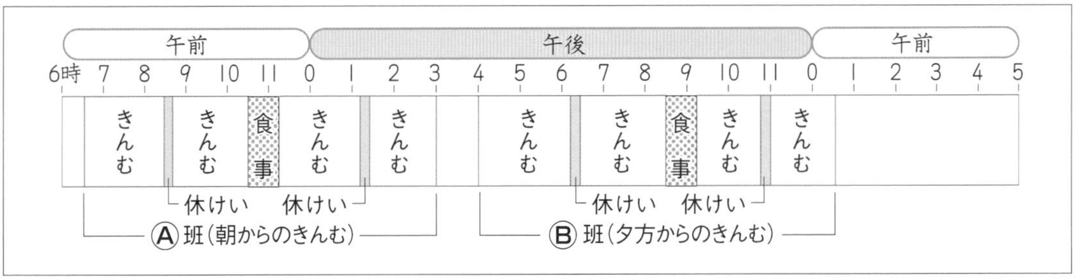

午前　午後　午前

6時 7 8 9 10 11 0 1 2 3 4 5 6 7 8 9 10 11 0 1 2 3 4 5

きんむ　きんむ　食事　きんむ　きんむ　　きんむ　きんむ　食事　きんむ　きんむ

休けい　休けい　　休けい　休けい

Ⓐ班（朝からのきんむ）　Ⓑ班（夕方からのきんむ）

(1)　この自動車工場で作業が行われていない時間帯を，次の㋐～㋒から１つ選んで，記号を書きましょう。　（　　）

㋐　早朝から午前中まで　　㋑　夕方　　㋒　深夜から早朝まで

(2)　(1)の時間帯に働くことをさけているのはなぜですか。次の文の（　）にあてはまることばを，□から選んで書きましょう。

［働く人の（　　　　　）や安全を守るため。］

効率（こうりつ）　健康　生産

(3)　なれからくるまちがいや，けががないようにするため，工場がしているくふうはどのようなことですか。次の文の（　）にあてはまることばを，□から選んで書きましょう。

［一人の人が受けもっている作業を（　　　　　　　　）いる。］

変えないようにして　入れかえて

3 次の文章を読んで，あとの問題に答えましょう。

（1 つ 12 点）

自動車工場では働く人の健康や安全，そして地域（ちいき）の環境を考えて，さまざまなくふうをしています。自動車工場では，多くの人が働いていますが，朝からのきんむと夕方からのきんむを交代で行い，夜中の仕事を（　※　）ようにしています。また，工場からは，Ⓐ<u>金属（きんぞく）のくず</u>などのはいき物やⒷ<u>排水（はい）</u>が出ますが，その量をできるだけ少なくしています。

(1)　（※）にあてはまることばを，□から選んで書きましょう。

（　　　　　）

増（ふ）やす　少なくする

(2)　資源（しげん）の節約や環境へのえいきょうを考えて，下線部Ⓐの金属のくずや，Ⓑの排水は，どのようにしょ理していますか。次の㋐～㋓から１つずつ選んで，記号を書きましょう。

Ⓐ金属のくず（　　）　Ⓑ排水（　　）

㋐　金属会社に買い取ってもらう。　　㋑　工場からそのまま海にすてている。

㋒　海のうめ立てに使う。　　㋓　しせつできれいにしてから海に流している。

答え➡別冊解答10ページ

37 自動車工場⑤

得点

100点

覚えよう　これからの自動車

自動車がかかえる問題

- **交通事故**…毎年，多くの人が死んだり，けがをしたりしている。
- **排出ガス**…排出ガスにふくまれる二酸化炭素などが，大気おせんや地球の温暖化などの環境問題の原因の１つとなっている。

これからの自動車

自動車会社がさまざまな研究，開発を行っている。

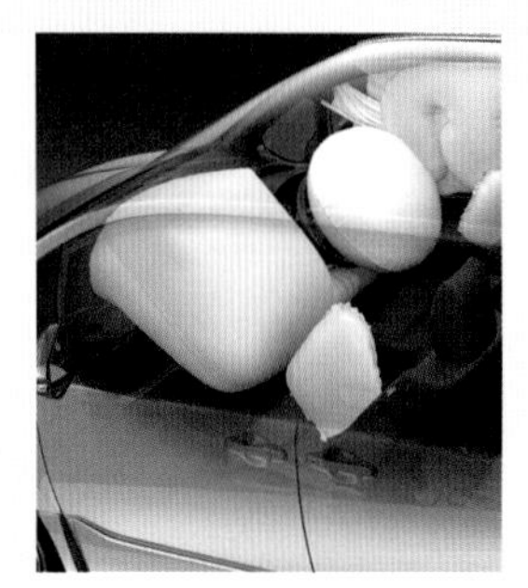
▲エアバッグ…自動車がしょうとつしたときにふくらみ，乗っている人がけがをしないようにするそうち。

安全を考えた自動車

- 交通事故から人を守るために…**エアバッグ**をつける。しょうとつに強い車体にする。ぶつかりそうになると自動的に止まる自動車の開発。
- 交通事故を防ぐために…タイヤがすべらないブレーキそうちや，明るくて先がよく見えるライトなどをつける。自動運転の開発。

環境にやさしい自動車

- 空気をよごさないために…排出ガスを減らしたり，出さない自動車の開発。
  ➡**電気自動車**，**燃料電池自動車**，**ハイブリッドカー**など。
- 資源を大切にするために…**リサイクルできる部品**を多く使っている。
  ➡自動車の大部分はリサイクルされている。

人にやさしい自動車

- だれにでも使えるように…高れい者や障害のある人にも使いやすいくふう。
  ➡車いすのまま乗り降りができる。手だけ，足だけで運転できる。

自動車の種類	動力	排出ガス
電気自動車	電池にためた電気でモーターを動かす。	出さない
燃料電池自動車	水素と酸素で電気をつくり，モーターを動かす。	出さない（水だけを排出）
ハイブリッドカー	電気で動くモーターと，ガソリンで動くエンジンの両方を組み合わせる。	少ない

▲環境にやさしい自動車の例

1　次の問題の答えを，□から選んで書きましょう。

（１つ７点）

(1) ガソリンを燃料とした自動車の排出ガスには，大気おせんや地球の温暖化などの環境問題の原因となる物質がふくまれています。この物質は何ですか。

（　　　　　　　　）

(2) 自動車がしょうとつしたときにふくらみ，乗っている人をけがから守るためのそうちを何といいますか。

（　　　　　　　　）

(3) 水素と酸素で，電気をつくり出して走る自動車を何といいますか。

（　　　　　　　　）

二酸化炭素　　酸素　　エアバッグ　　燃料電池自動車　　電気自動車

2 次の写真を見て，あとの問題に答えましょう。

（1つ7点）

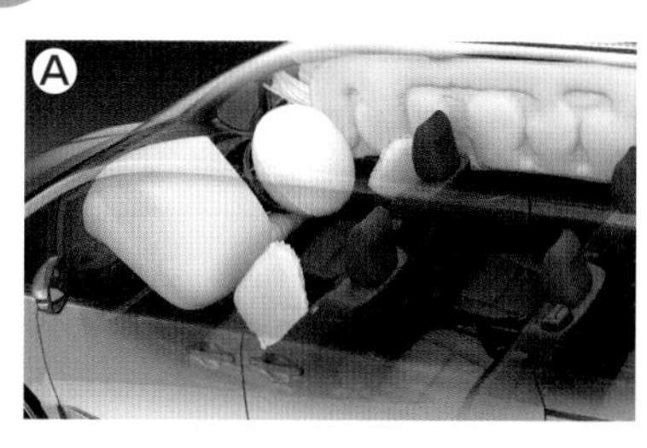

(1) Ⓐのふくらんでいるそうちを何といいますか。　（　　　　　　）

(2) Ⓑの自動車のくふうについて，次の文の（　）にあてはまることばを，□から選んで書きましょう。

［体の不自由な人が（　　　　　　　　　　）乗り降(お)りできるくふう。］

車いすに乗ったまま　　車いすを降りて　　車いすを使わずに

(3) Ⓒは，燃料電池自動車です。この自動車について，次の文の①，②の（　）にあてはまることばを書きましょう。

［　燃料電池自動車は，①（　　　　　）と酸素から電気をつくり，モーターを動かして走る。排出するのは，②（　　　　　）だけである。］

(4) Ⓐ～Ⓒのそうちや自動車は，次の①～③のどれにあてはまりますか。それぞれ記号を書きましょう。

①　人にやさしい自動車。（　　）　②　環境にやさしい自動車。（　　）

③　安全を考えたそうち。（　　）

3 次の文章を読んで，あとの問題に答えましょう。

（(2)は1つ7点，ほかは1つ8点）

これからの社会には，Ⓐ安全を考えた自動車，人にやさしい自動車，Ⓑ環境にやさしい自動車が求められています。

(1) 下線部Ⓐの安全を考えた自動車は，どのようなことのために研究，開発されていますか。次の文の（※）に共通してあてはまることばを書きましょう。

［（　※　）を防(ふせ)ぎ，（　※　）から人を守るため。］　（　　　　　　）

(2) 下線部Ⓑの環境にやさしい自動車として開発されたハイブリッドカーについて，次の文の①，②の（　）にあてはまることばを書きましょう。

［　ハイブリッドカーは，①（　　　　　）で動くモーターと，②（　　　　　）で動くエンジンの両方を組み合わせて動力にしている。］

(3) リサイクルできる部品を多く使って自動車をつくることは，下線部Ⓐ，Ⓑのどちらにあてはまりますか。１つ選んで，記号を書きましょう。　（　　）

答え➡別冊解答10ペ-

38 工業生産と工業地域①

覚えよう　工業の種類

工業

自然にあるものを材料として，道具や機械を使って加工し，人の役に立つものをつくる産業を工業という。工業は，つくられる製品によってさまざまに分類される。

身の回りの工業製品

重化学工業	
機械工業	部品を組み立てて，自動車やコンピューターなどの機械製品をつくる。
金属工業	金属の形を変えて，鉄板や工具などの製品をつくる。
化学工業	原料（石油など）を化学変化させ，プラスチックや洗ざいなどの製品をつくる。
軽工業	
食料品工業	自然物を加工して，かんづめや牛乳などの食品をつくる。
せんい工業	糸から布，布から服などをつくる。
その他の工業	紙，雑貨などをつくる。

（機械工業と金属工業を合わせて重工業ということもあります。）

工業生産額のわりあいの変化　▇は，重化学工業を示します。

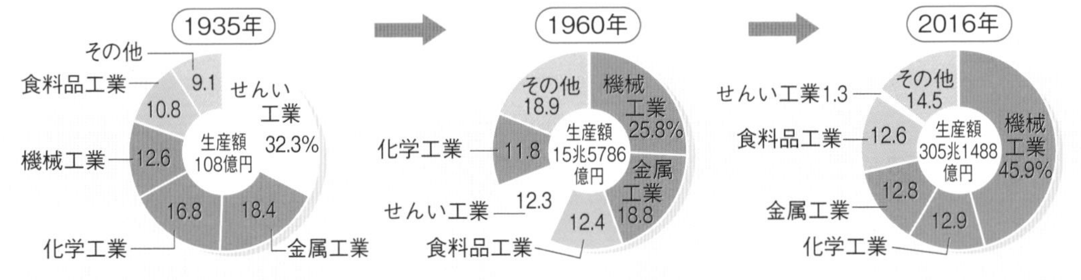

（2019/20年版「日本国勢図会」）

1

次の①～⑤にあてはまる工業の名前を，　　　から選んで書きましょう。（１つ５点）

① 部品を組み立てて電子レンジなどの機械製品をつくる工業。（　　　　）

② 金属の形を変えて，鉄板や工具などの製品をつくる工業。（　　　　）

③ プラスチックや洗ざいなど，石油や天然ガスなどの原料を化学変化させて製品をつくる工業。（　　　　）

④ ①～③の３つを合わせた工業。（　　　　）

⑤ ④以外の，食料品工業やせんい工業などの工業。（　　　　）

軽工業　　重化学工業　　化学工業　　機械工業　　金属工業

2 次のグラフは，日本の工業生産額のわりあいの変化を表しています。これらのグラフを見て，あとの問題に答えましょう。

（１つ５点）

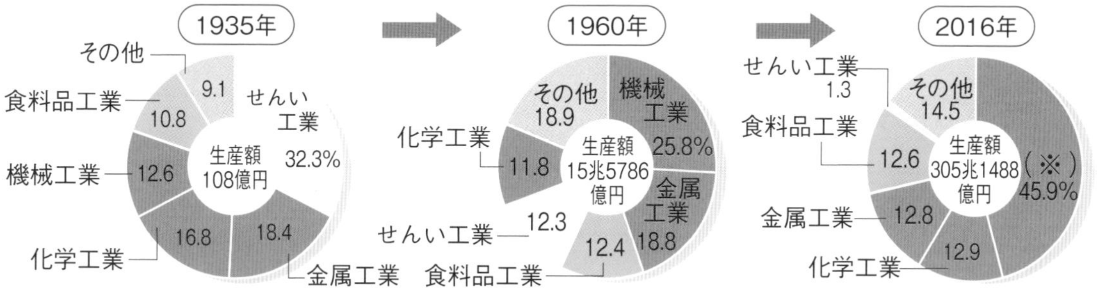

1935年
その他 9.1
食料品工業 10.8
機械工業 12.6
化学工業 16.8
金属工業 18.4
せんい工業 32.3%
生産額 108億円

1960年
機械工業 25.8%
金属工業 18.8
食料品工業 12.4
せんい工業 12.3
化学工業 11.8
その他 18.9
生産額 15兆5786億円

2016年
（※）45.9%
化学工業 12.9
金属工業 12.8
食料品工業 12.6
せんい工業 1.3
その他 14.5
生産額 305兆1488億円

（2019/20年版「日本国勢図会」）

(1) 1935年に最もさかんだった工業を，グラフから選んで書きましょう。

（　　　　　　）

(2) 重化学工業にあてはまる工業の名前を，グラフから３つ選んで書きましょう。

（　　　　　　）（　　　　　　）（　　　　　　）

(3) 2016年の(※)にあてはまる工業の名前を書きましょう。　（　　　　　　）

(4) グラフからわかることについて，次の文の①，②の（　）にあてはまることばを，　　から選んで書きましょう。

〔　昔は①（　　　　　　）がさかんだったが，現在は②（　　　　　　）がさかんである。　〕

重化学工業　　軽工業

3 次の文章を読んで，あとの問題に答えましょう。

（１つ８点）

日本では，昔からいろいろなⒶ工業製品をつくってきました。今から80年以上前はⒷ軽工業がさかんでしたが，その後はⒸ重化学工業が急速に発展していきました。現在は，自動車やコンピューターなどをつくる（　※　）が最もさかんです。

(1) 下線部Ⓐの工業製品にあてはまるものを，　　から２つ選んで（　）に書きましょう。

（　　　　　　）（　　　　　　）

洗ざい　　米　　かんづめ　　りんご

(2) 下線部Ⓑの軽工業のうち，1935年に最も生産額が多かった工業は何ですか。

（　　　　　　）

(3) 下線部Ⓒの重化学工業の３つの工業のうち，現在，生産額のわりあいが最も少ない工業は何ですか。

（　　　　　　）

(4) (※)にあてはまる工業の名前を書きましょう。　（　　　　　　）

答え➡別冊解答10ペー

39 工業生産と工業地域②

覚えよう　大工場と中小工場

大工場

働く人が300人以上いる工場。機械化を進め，工業製品を効率的に大量生産している。

中小工場

働く人が299人以下の工場。分野をしぼって生産したり，人手のかかる製品を生産したりしている工場が多い。

中小工場の特ちょう

- 大工場から注文を受けて製品や部品などをつくる下うけ工場が多い。
  ➡大工場での生産量が減ると，注文が減ってしまう。
- すぐれた技術を生かして，大工場ではつくれない特しゅな工業製品や部品を生産しているところもある。　➡手作業でロケットの部品をつくる工場や，米つぶよりも小さな歯車をつくる工場などもある。

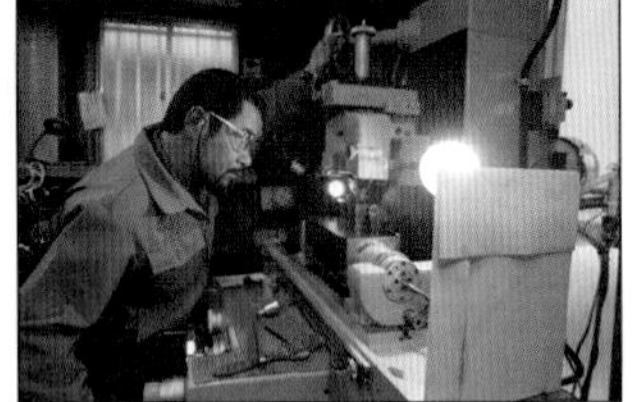
▲電子製品の組み立てを行う町工場

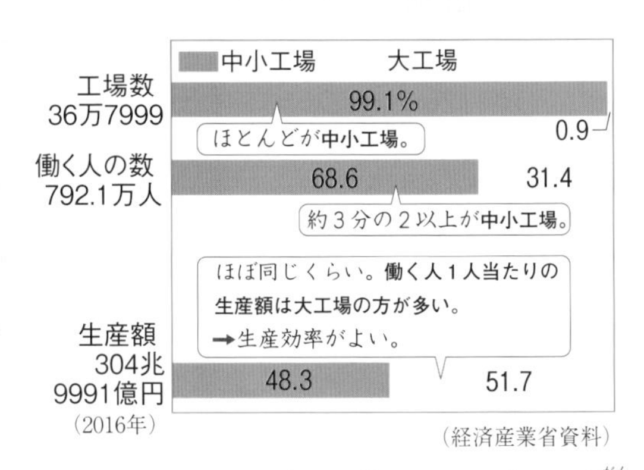

▲工場のきぼ別に見た工場数，働く人の数，生産額

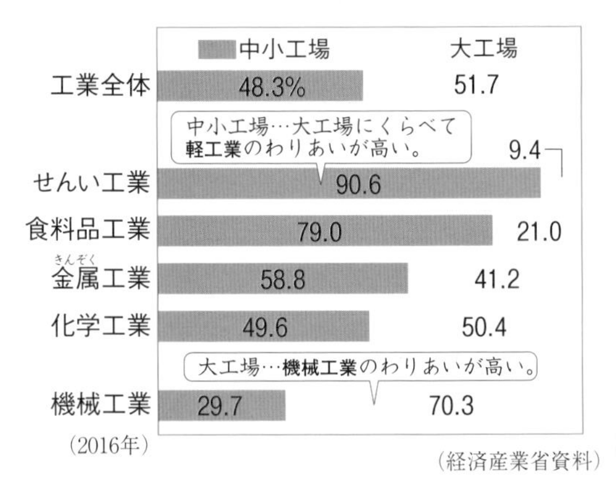

▲各工業別の大工場と中小工場の生産額のわりあい

1 次の問題に答えましょう。

（1つ8点）

(1) 工場数が多いのは，大工場と中小工場のどちらですか。（　　　　）

(2) 働く人の数が多いのは，大工場と中小工場のどちらですか。（　　　　）

(3) 働く人１人当たりの生産額が多いのは，大工場と中小工場のどちらですか。
（　　　　）

(4) 軽工業で生産額のわりあいが高いのは，大工場と中小工場のどちらですか。
（　　　　）

(5) 機械工業で生産額のわりあいが高いのは，大工場と中小工場のどちらですか。
（　　　　）

2 次のグラフⒶ，Ⓑは大工場と中小工場を比べたものです。これらのグラフを見て，あとの問題に答えましょう。

（1つ6点）

Ⓐ 各工業別の大工場と中小工場の生産額のわりあい

	あ	い
工業全体	48.3%	51.7
せんい工業	90.6	9.4
食料品工業	79.0	21.0
金属工業	58.8	41.2
化学工業	49.6	50.4
機械工業	29.7	70.3

（2016年）　（経済産業省資料）

Ⓑ 工場のきぼ別に見た工場数，働く人の数，生産額

		中小工場	大工場
（①）	36万7999	99.1%	0.9
（②）	792.1万人	68.6	31.4
（③）	304兆9991億円	48.3	51.7

（2016年）　（経済産業省資料）

(1) グラフⒶのあ，いには，大工場，中小工場のどちらかがあてはまります。それぞれあてはまる工場を書きましょう。あ（　　　　） い（　　　　）

(2) グラフⒶで，中小工場のわりあいが最も高い工業の名前を書きましょう。

（　　　　）

(3) グラフⒷの（①）～（③）にあてはまることばを，　　から選んで書きましょう。

①（　　　　） ②（　　　　） ③（　　　　）

生産額　　工場数　　働く人の数

3 次の文章を読んで，あとの問題に答えましょう。

（1つ6点）

日本の工場の多くは，Ⓐ中小工場で，働く人の数も全体の３分の２以上をしめています。多くの中小工場は，Ⓑ大工場からの注文を受けて製品をつくっていますが，Ⓒすぐれた技術を生かしてかつやくしている中小工場もあります。

(1) 下線部Ⓐの中小工場について，次の文の（　）にあてはまることばを，　　から選んで書きましょう。

中小工場は分野をしぼって生産したり，（　　　　）製品を生産する工場が多い。

最新のロボットで　　人手のかかる

(2) 下線部Ⓑについて，次の文の（　）にあてはまることばを，　　から選んで書きましょう。

大工場の生産量が減ると，中小工場への注文は（　　　　）。

増える　　減る

(3) 下線部Ⓒについて，次の文の①，②の（　）にあてはまることばを，　　から選んで書きましょう。

専門の①（　　　　）を使って，大工場ではつくれない特しゅな②（　　　　）をつくっている。

製品や部品　　工場　　注文　　技術

答え➡別冊解答11ペー

40 工業生産と工業地域③

覚えよう　工業のさかんなところ

工業地帯と工業地域

- **工業地帯**…昔から工業がさかんで，日本の産業の発達を支えた地域。
  ➡**京浜**，**阪神**，**中京工業地帯**。
- **工業地域**…多くの工場が集まり，工業生産がさかんな地域。

太平洋ベルト

関東地方の南部から九州地方の北部にかけて，海ぞいに工業がさかんな地域が帯（ベルト）のように連なっている。この地域のことを**太平洋ベルト**という。

➡全国の工業生産額の**約70%**をしめる。

- **太平洋ベルトで工業が発達した理由**
  - 原材料や製品を運ぶのに便利な**港**（→船）や**道路**（→トラックなど）があり，**交通にめぐまれていた**こと。
  - 広い平地や，うめ立てた土地があったこと。
  - 人口が多く，働く人がたくさんいたこと。

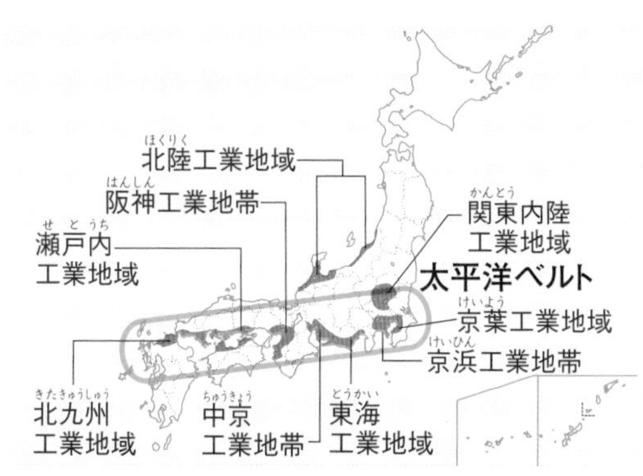

▲工業のさかんな地域

- **内陸部で工業が発達した理由**
  - ＩＣの生産に向いた土地が内陸に多くできた。
  ➡ＩＣの生産には，**きれいな空気や水**が必要。
  - ＩＣは小さくて軽く，ねだんが高いので，輸送費の高い航空機で運んでも利益が出る。
  ➡船で運ばなくてすむので，海ぞいでなくてもよい。**高速道路**や**空港**などの近くに工場をつくれる。
  - 古くからの工業地帯の用地が不足してきた。

ＩＣ→テレビやコンピューターなどに使われる，小さな板に多くの部品と配線を組みこんだもの。

1 次の問題の答えを，[　　]から選んで書きましょう。

（１つ８点）

(1) 関東地方の南部から九州地方の北部にかけての海ぞいにつづく，工業のさかんな地域を，何といいますか。（　　　　）

(2) (1)の地域は，全国の工業生産額の約何％を生み出していますか。（　　　　）

(3) (1)の地域が海ぞいにあるのは，原材料や製品などの輸送に，何を使った輸送が便利だからですか。（　　　　）

(4) 内陸部に新しい工業地域が発達しているのは，空港と何が整備されたからですか。（　　　　）

約40%　約70%　水　船　高速道路　太平洋ベルト

2 右の地図は，日本の工業がさかんな地域の分布を表しています。この地図を見て，あとの問題に答えましょう。

（1つ6点）

(1) 地図中にⒶで示した工業のさかんな地域を何といいますか。　（　　　　　　）

(2) 地図中のあ～えにあてはまる工業地帯・地域の名前を，　　から選んで書きましょう。

あ（　　　　）工業地帯　い（　　　　）工業地帯

う（　　　　）工業地帯　え（　　　　）工業地域

中京　阪神　京浜　北九州

北陸工業地域
（う）
関東内陸工業地域
Ⓐ
瀬戸内工業地域
京葉工業地域
（あ）
東海工業地域
（い）
（え）

(3) 近年，内陸の地域では，ＩＣの生産がさかんです。その理由について，次の文の（　）にあてはまることばを書きましょう。

［空港の整備や（　　　　　　　）の発達で，製品の輸送が便利になったから。］

3 次の文章を読んで，あとの問題に答えましょう。

（1つ8点）

Ⓐ関東地方南部から九州地方の北部にかけての海ぞいに，帯のように工業のさかんな地域がつづいており，全国の工業生産額の約70％を生み出しています。この地域で，工業が発達したのは，広い平地で工場をつくる土地が多かったことや，Ⓑ交通にめぐまれていたこと，また，働く人が多かったためです。近年は，環境がＩＣなどの生産に適していることや，交通網が整備され発達したことから，Ⓒ内陸部でも工業がさかんになってきています。

(1) 下線部Ⓐの地域を何といいますか。　（　　　　　　）

(2) 下線部Ⓑの理由として正しい文になるように，次の文の（　）にあてはまることばを，　　から選んで書きましょう。

［海に面しており，原材料や製品を大量に安く運べる船を利用できる（　　　　）があったため。］

高速道路　空港　港

(3) 下線部Ⓒでは，空港の近くにＩＣ工場が多くあります。その理由として正しい文になるように，次の文の①，②の（　）にあてはまることばを書きましょう。

［ＩＣは小さくてかさばらず，①（　　　　　　）ので，②（　　　　　　）を使って運んでも利益が出るため。］

ねだんが安い　ねだんが高い　航空機　船

答え➡別冊解答11ペー

41 工業生産と工業地域④

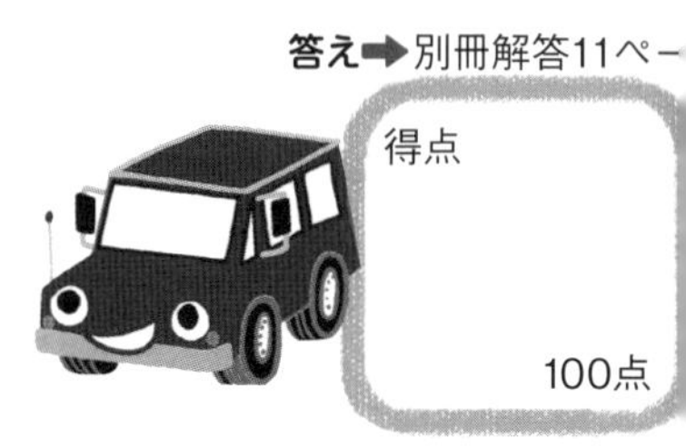

覚えよう　工業地帯と工業地域

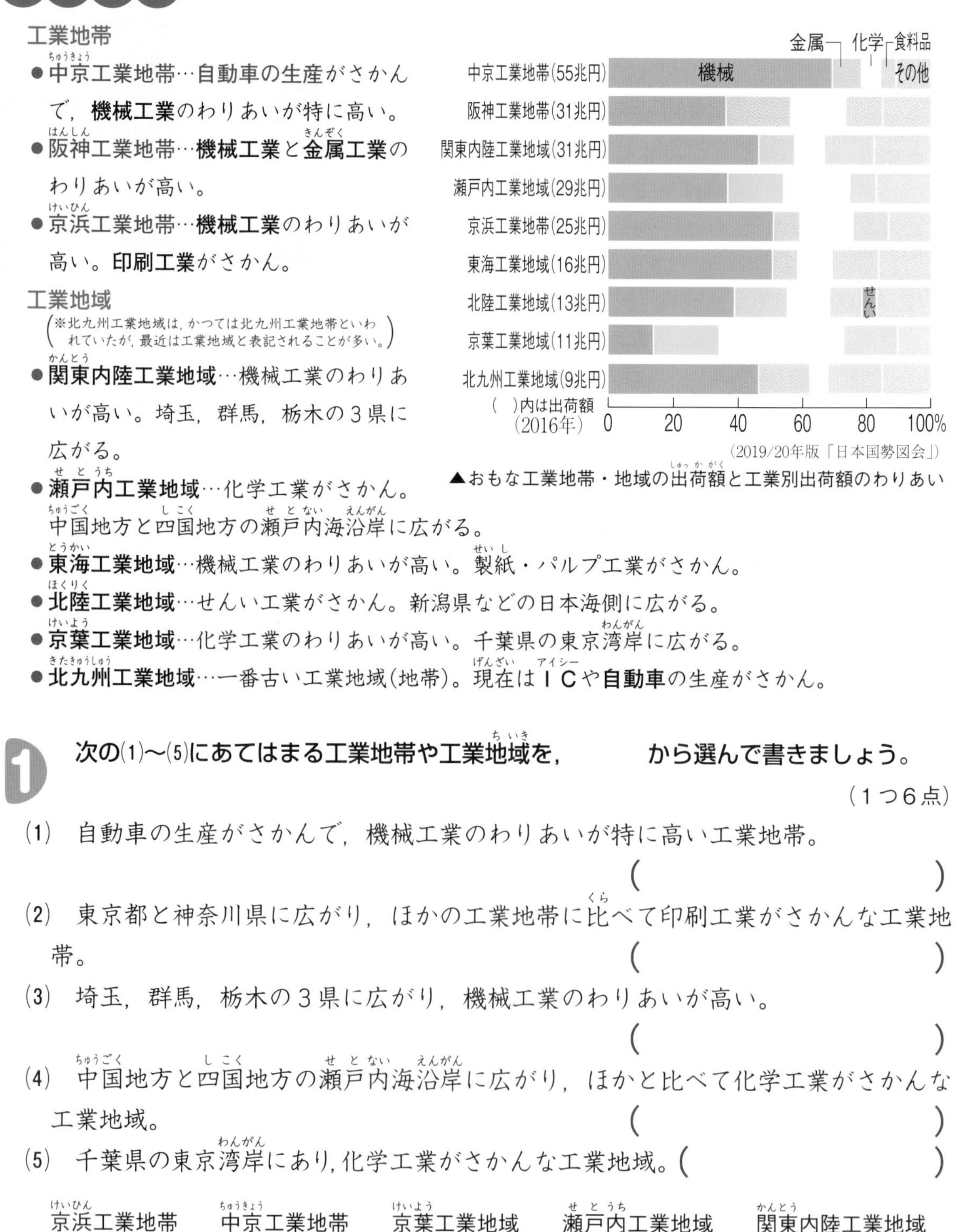

▲おもな工業地帯・地域の出荷額と工業別出荷額のわりあい

工業地帯

- **中京工業地帯**…自動車の生産がさかんで，**機械工業**のわりあいが特に高い。
- **阪神工業地帯**…**機械工業**と**金属工業**のわりあいが高い。
- **京浜工業地帯**…**機械工業**のわりあいが高い。**印刷工業**がさかん。

工業地域

（※北九州工業地域は，かつては北九州工業地帯といわれていたが，最近は工業地域と表記されることが多い。）

- **関東内陸工業地域**…機械工業のわりあいが高い。埼玉，群馬，栃木の３県に広がる。
- **瀬戸内工業地域**…化学工業がさかん。中国地方と四国地方の瀬戸内海沿岸に広がる。
- **東海工業地域**…機械工業のわりあいが高い。製紙・パルプ工業がさかん。
- **北陸工業地域**…せんい工業がさかん。新潟県などの日本海側に広がる。
- **京葉工業地域**…化学工業のわりあいが高い。千葉県の東京湾岸に広がる。
- **北九州工業地域**…一番古い工業地域(地帯)。現在はＩＣや**自動車**の生産がさかん。

1 次の(1)～(5)にあてはまる工業地帯や工業地域を，　　　から選んで書きましょう。

（１つ６点）

(1)　自動車の生産がさかんで，機械工業のわりあいが特に高い工業地帯。
（　　　　　　　　　　）

(2)　東京都と神奈川県に広がり，ほかの工業地帯に比べて印刷工業がさかんな工業地帯。
（　　　　　　　　　　）

(3)　埼玉，群馬，栃木の３県に広がり，機械工業のわりあいが高い。
（　　　　　　　　　　）

(4)　中国地方と四国地方の瀬戸内海沿岸に広がり，ほかと比べて化学工業がさかんな工業地域。
（　　　　　　　　　　）

(5)　千葉県の東京湾岸にあり，化学工業がさかんな工業地域。（　　　　　　　　　　）

京浜工業地帯　中京工業地帯　京葉工業地域　瀬戸内工業地域　関東内陸工業地域

2 右のグラフは，日本のおもな工業地帯や工業地域の出荷額（しゅっかがく）と工業別出荷額のわりあいを表しています。このグラフを見て，あとの問題に答えましょう。（1つ7点）

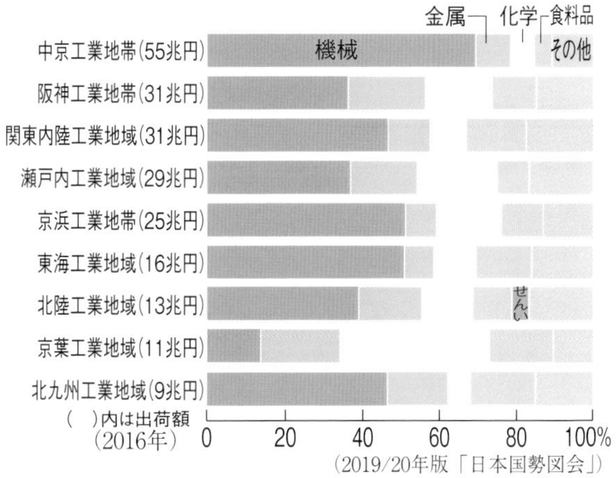

(1) 右の工業地帯と工業地域の中で，最も出荷額が高いのはどこですか。

（　　　　　　　　　）

(2) 次の①，②にあてはまる工業地帯や工業地域の名前を書きましょう。

① 最も機械工業のわりあいが高い。

（　　　　　　　　　）

② 最も化学工業のわりあいが高い。

（　　　　　　　　　）

金属　化学　食料品
機械　その他
中京工業地帯(55兆円)
阪神工業地帯(31兆円)
関東内陸工業地域(31兆円)
瀬戸内工業地域(29兆円)
京浜工業地帯(25兆円)
東海工業地域(16兆円)
北陸工業地域(13兆円)　せんい
京葉工業地域(11兆円)
北九州工業地域(9兆円)
(　)内は出荷額
(2016年)
0　20　40　60　80　100%
(2019/20年版「日本国勢図会」)

(3) 3つの工業地帯がふくまれ，関東地方南部から九州地方北部にかけての海ぞいにつづいている工業がさかんな地域を何といいますか。（　　　　　　　　　）

3 次の文章を読んで，あとの問題に答えましょう。（1つ7点）

日本のⒶおもな工業地帯・地域は，海ぞいに多く，特に集中しているのがⒷ太平洋ベルトです。出荷額が最も多いのは，自動車工業などの機械工業がさかんな工業地帯である（ ① ）工業地帯で，（ ② ）工業地帯がこれにつづきます。一方，京浜工業地帯の工業用地の不足や高速道路の整備（せいび）などによって発達した，Ⓒ埼玉，群馬，栃木の3つの県にまたがる工業地域も，大きな出荷額をしめています。

(1) 下線部Ⓐについて，現在（げんざい），日本の重化学工業のうち，最も出荷額が多い工業は何ですか。（　　　　　　　　　）

(2) 下線部Ⓑの太平洋ベルトにふくまれず，日本海側にある工業地域を何といいますか。（　　　　　　　　　）

(3) 文章中の（①），（②）にあてはまることばを書きましょう。

①（　　　　　）　②（　　　　　）

(4) 下線部Ⓒの工業地域の名前を書きましょう。（　　　　　　　　　）

(5) 関東地方の工業地帯・地域について，次の文の（　）にあてはまることばを，　から選んで書きましょう。

［関東地方には，京浜工業地帯，(4)の工業地域のほかに，化学工業のわりあいが大きい（　　　　　　　）などがあります。］

京葉工業地域　　東海工業地域

答え➡別冊解答11ペー

42 工業生産と工業地域⑤

覚えよう　工業技術の発達と変化

工業製品の登場とくらしの変化

- 作業を楽にする工業製品がたくさん登場し，**作業時間が短く**なった。

よい点

- 電気せんたく機や電気そうじ機などの登場。
  ➡人々のくらしに**時間的なゆとり**がうまれた。生活が**豊か**で**便利**になった。
- コンバイン，トラクター，魚の群れをさがす機器などの登場。
  ➡農業や水産業などでは作業の**手間が減り**，生産の能率が上がった。

悪い点

- 大量生産・大量消費によって，資源やものをそまつにあつかうようになった。
  ➡**ごみ**が増えた。
- 工場が増えて，よごれた空気や排水が出るようになった。

これからの工業と製品の開発

- **より使いやすい製品**をめざして。
  ➡携帯電話（スマートフォン）やうす型テレビなど。
- お年寄りや障害のある人など，**だれにでも使いやすい製品**をめざして。
  ➡大きなそうさボタンのリモコン，さわって区別がつく容器など。
- **環境に配りょした製品**をめざして。
  ➡排出ガスを出さない自動車，リサイクルしやすい製品など。

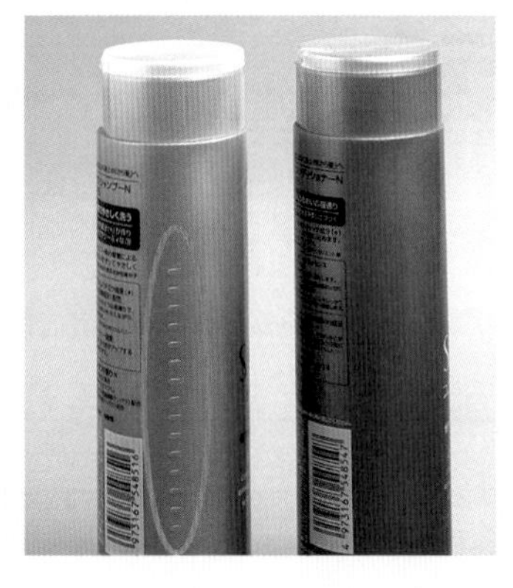

◀目の不自由な人がさわっても区別がつくように，きざみがついているシャンプーの容器（左）とリンスの容器

1　次の問題に答えましょう。

（１つ10点）

(1)　工業製品が多く登場したことのよい点を，　　　から２つ選んで書きましょう。

（　　　　　　　　　）（　　　　　　　　　）

作業にかかる時間が増えた。　作業にかかる時間が減った。
生活が便利になった。　人がすることがなくなった。

(2)　大量生産・大量消費によって，ものをそまつにあつかうようになり，家庭から出る量が昔よりも増えたものは何ですか。　　　から選んで書きましょう。

（　　　　　　）

酸素　　ごみ　　工業排水

2 右のⒶ～Ⓒの工業製品について，あとの問題に答えましょう。

（１つ10点）

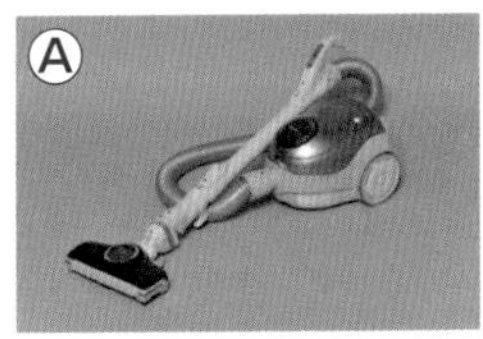

(1) Ⓐのそうじ機が使われるようになって，人々の生活はどのように変わりましたか。次の文の（　）にあてはまることばを書きましょう。

［そうじの（　　　　　）が短くなって，生活が便利になった。］

(2) Ⓑのすい飯器は，表示が見やすく，そうさがかんたんになっています。このようなくふうは，どんな人たちのためにされたものですか。　　　から選んで書きましょう。

（　　　　　　　　　　　　　　　　　）

おさない子ども　　お年寄りや目の不自由な人

機械のそうさになれている人

(3) Ⓒは，使用後に回収され別の製品につくりかえられます。このように，ごみになるものを原料にもどして再利用することを何といいますか。（　　　　　　　）

3 次の文章を読んで，あとの問題に答えましょう。

（１つ10点）

工業が発展するとともに，便利なⒶ工業製品がたくさんつくられるようになり，現在では，より便利なものが次々と開発されてきました。最近ではⒷだれにでも使いやすい製品づくりも進められています。その一方で，工場がどんどん増えてきたことにより，一時期，Ⓒさまざまな問題がおこりました。

(1) 下線部Ⓐの工業製品にあてはまるものを，　　　から２つ選んで書きましょう。

（　　　　　　　）（　　　　　　　）

米　　そうじ機　　魚　　せんたく機

(2) 下線部Ⓑのだれにでも使いやすい製品にあてはまるものを，次の㋐～㋒から１つ選んで，（　）に○を書きましょう。

㋐（　　　）いくつもの番組を同時に録画できるビデオレコーダー。

㋑（　　　）排出ガスを出さない自動車。

㋒（　　　）そうさするボタンや，説明の文字が大きなせんたく機。

(3) 下線部Ⓒについて，次の文の（　）にあてはまることばを，　　　から選んで書きましょう。

［　工場から出るけむりや排水などにより，
空気や水が（　　　　　　　　　　　　）。］

きれいになった

よごれてしまった

答え➡別冊解答11ペー

43 工業生産と工業地域⑥

得点

100点

覚えよう　国内輸送のようす

いろいろな輸送方法

輸送方法	長所	短所
自動車（トラックなど）	目的地まで，荷物を積みかえないで運べる。	排出ガス，そう音，じゅうたい，交通事故などの問題がある。
鉄道	一度に多く運べる。時間のおくれがほとんどない。	線路が通っているところしか運べない。
船	大きいものや重いものを運べる。一度にたくさん運べる。	ほかの輸送方法に比べて，時間がかかる。
航空機	遠い場所まで速く運べる。電子部品（ＩＣなど），野菜や水産物などで便利。（電子部品→軽くてねだんが高い／野菜や水産物→新せんさが大事）	輸送費が高い。

▲荷物を運ぶ大型トラック

▲石油を運ぶタンカー

輸送方法の変化

- 現在は自動車による輸送が主流。
  ➡**高速道路**が整備されて，速く運べるようになったため。
- 近年は，自動車と鉄道や船を組み合わせた輸送方法が取り入れられている。
  ➡自動車の**排出ガスやそう音などの問題を少なくする**ため。

▼国内の貨物輸送量のわりあいの変化

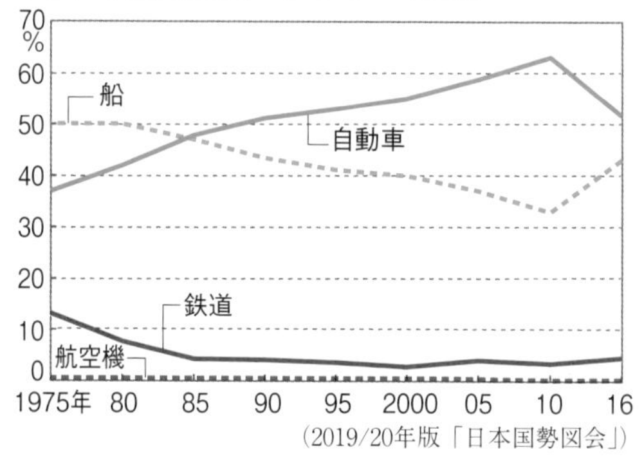

（2019/20年版「日本国勢図会」）

1 次の(1)～(4)にあてはまる輸送方法を，　　　　から選んでそれぞれ書きましょう。（１つのことばは１回しか使えません。）　（１つ９点）

(1) 一度にたくさんの荷物を運べるが，時間がかかる。（　　　　）

(2) 遠くの場所まで速く運べるが，輸送費が高い。（　　　　）

(3) 時間は正確だが，線路が通っていないところには運べない。（　　　　）

(4) 目的地まで荷物を積みかえないで運べるが，排出ガスやそう音などの問題がある。（　　　　）

自動車　　船　　鉄道　　航空機

2 右のグラフは，国内の貨物輸送量のわりあいの変化を表しています。このグラフを見て，あとの問題に答えましょう。

（(3)は10点，ほかは１つ９点）

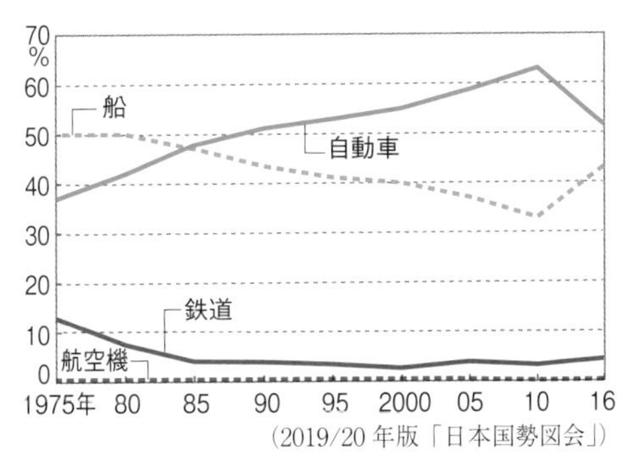

(2019/20 年版「日本国勢図会」)

(1) 2010年までは，わりあいが減りつづけていたものの，それ以降ふえてきた輸送方法は何ですか。（　　　　　）

(2) 1985年以降の，最もわりあいが多い輸送方法は何ですか。（　　　　　）

(3) (2)の輸送方法が多くなった理由について，次の文の（　）にあてはまることばを，　　から選んで書きましょう。

〔各地のおもな都市と都市を結ぶ（　　　　　　　）が整備されたから。〕

フェリー　　新幹線　　高速道路

3 右の地図は，青森県の都市（あ）と東京都（い）とを結ぶ輸送方法の１つを示しています。この地図を見て，あとの問題に答えましょう。

（１つ９点）

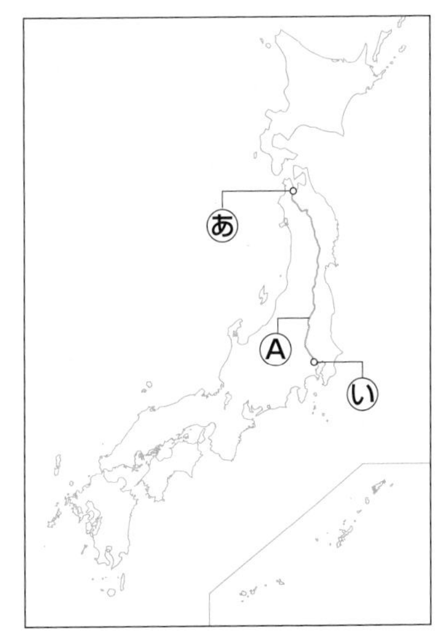

(1) あの都市といの間で，次の①，②のものを運ぶとき，どの輸送方法が最も合っていますか。　　から選んで書きましょう。

① 朝とれたばかりの200キロのマグロを午前中にとどける。（　　　　　）

② 200台の自動車を一度に運ぶ。（　　　　　）

船　　航空機　　鉄道

(2) Aは，あの都市の市場から水産物をトラックで輸送するときによく使われる道路です。Aのような道路が全国で整備されたことにより，トラックによる輸送が現在の主流です。この，Aのような道路を何といいますか。

（　　　　　）

(3) いの都市の機械製品の工場では，近年，鉄道とトラックを組み合わせた輸送方法をとっています。その理由として正しい文になるように，（　）にあてはまることばを，　　から選んで書きましょう。

〔トラックから出る（　　　　　　　　　）の問題を減らすため。〕

排出ガスやそう音　　ごみやはいき物

答え➡別冊解答12ページ

44 工業生産と貿易①

得点

100点

覚えよう　日本の輸入品

日本が輸入しているもの

● 日本は資源が少なく，工業製品をつくるのに必要な**原料**や**燃料**は，外国からの輸入にたよっている。

➡外国との**貿易**がうまくいかないと，多くの工業製品がつくれない。

加工貿易

● 日本は**原料を輸入**し，それを加工してつくった**工業製品を輸出**する加工貿易で発展してきた。

➡以前は原料や燃料の輸入のわりあいが多かったが，**近年は輸出も輸入も機械製品が多い。**

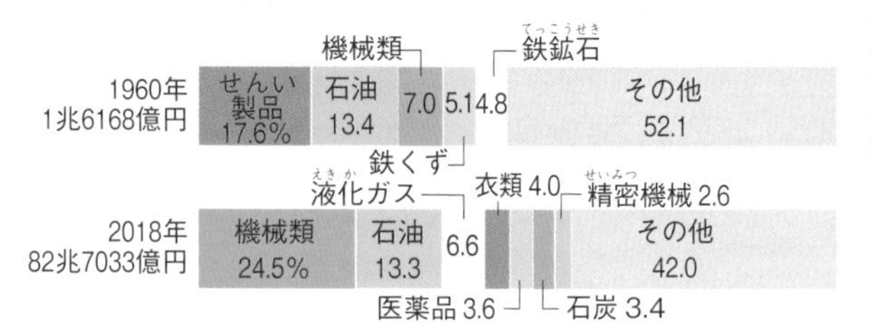

▲輸入品のわりあいの変化　(2019/20年版「日本国勢図会」)

工業製品	おもな原料	輸入量のわりあい	原料のおもな輸入先
鉄鋼	鉄鉱石	100%	オーストラリア ブラジル
プラスチック	石油(原油)	99.7%	サウジアラビア アラブ首長国連邦
綿の服	綿花	100%	アメリカ・ブラジル
パン	小麦	90.2%	アメリカ・カナダ

▲おもな工業製品と原料，輸入量わりあい，原料のおもな輸入先(上位2か国)(2018年)　(2019/20年版「日本国勢図会」)

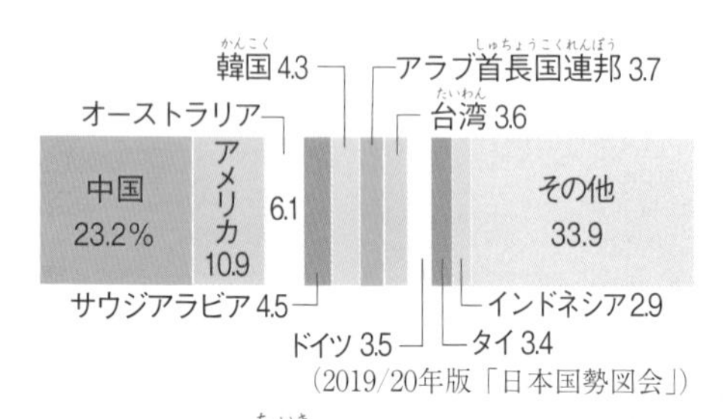

▲輸入相手国と地域のうちわけ(2018年)

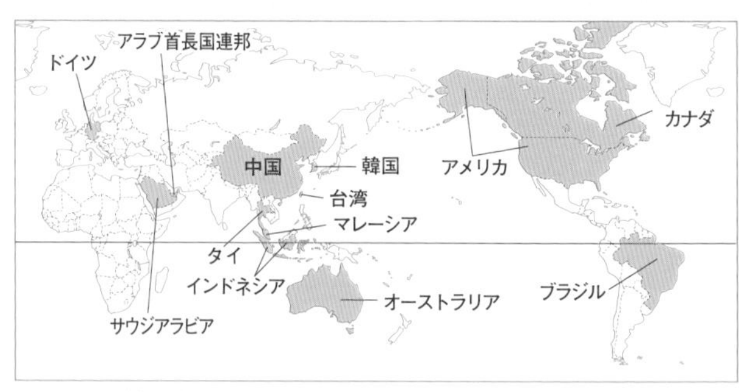

▲おもな輸入相手国と地域

1 次のグラフは，さまざまな資源の日本の輸入量のわりあい(2018年)を表したものです。資源からつくられる工業製品を，　　　から選んで書きましょう。　(１つ６点)

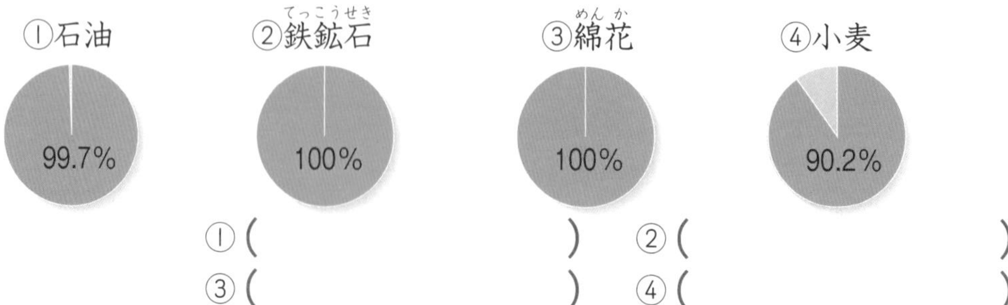

①(　　　　　　)　②(　　　　　　)

③(　　　　　　)　④(　　　　　　)

鉄鋼　　綿の服　　パン　　プラスチック

2 右のグラフと地図を見て，あとの問題に答えましょう。

（1つ6点）

(1) グラフの中のⓐ，ⓘにあてはまるものを，　　から選んで書きましょう。

ⓐ(　　　　　) ⓘ(　　　　　)

機械類　金属製品　石油　肉類

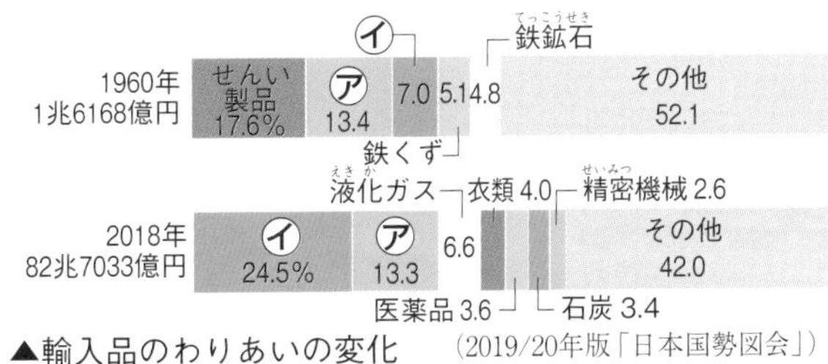

▲輸入品のわりあいの変化　(2019/20年版「日本国勢図会」)

(2) 次の①～④の文は，地図中の日本の輸入相手国について書かれたものです。それぞれ国名を書きましょう。

① 小麦，綿花の輸入量が第１位の相手国。(　　　　　)

② 輸入わりあいが上位の国で，鉄鉱石の輸入量が最も多い相手国。(　　　　　)

③ 西アジアにある，石油の輸入量が最も多い相手国。(　　　　　)

④ 日本にとって，最大の輸入相手国。(　　　　　)

3 次の文章を読んで，あとの問題に答えましょう。

（1つ8点）

日本は，国内でとれる資源が少ないので，Ⓐ工業製品の原料や燃料は，おもに外国からの（ ⓐ ）にたよっています。そのため，外国との貿易がうまくいかないと，工業製品がつくれなくなってしまいます。

また，日本はこれまで原料を輸入し，それを加工してつくった工業製品を輸出する（ ⓘ ）貿易で発展してきましたが，近年は，資源とともにⒷ工業製品の輸入が多くなってきて，（ ⓘ ）貿易とはいえない面もあります。

(1) 下線部Ⓐの原料や燃料について，次の問題に答えましょう。

① 鉄鋼のおもな原料で，国内ではまったく生産されないものは何ですか。

② 最も多く輸入されている燃料は何ですか。

①(　　　　　) ②(　　　　　)

(2) 文中のⓐ，ⓘにあてはまることばを，　　から選んで書きましょう。

ⓐ(　　　　　) ⓘ(　　　　　)

輸出　輸入　加工　製品

(3) 下線部Ⓑの工業製品のうち，現在最も輸入額の多いものは何ですか。

(　　　　　)

答え➡別冊解答12ページ

45 工業生産と貿易②

覚えよう　日本の輸出品

日本が輸出しているもの

● 日本の輸出品のほとんどは**工業製品**。
➡高い技術が必要な製品が輸出されている。

● おもな輸出品の変化

1960年ごろ　➡　せんい品

2018年　➡　機械類，自動車

➡機械類の中でも，高い技術が求められるＩＣ（集積回路）などの製品のわりあいが高い。

輸出相手国

● 半分以上はアジアの国と地域。

▼輸出相手国と地域のうちわけ

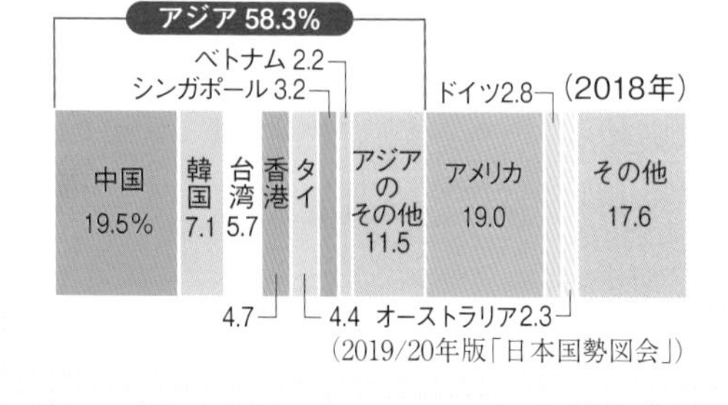

(2019/20年版「日本国勢図会」)

1960年 1兆4596億円：せんい品 30.2%，機械類 12.2，鉄鋼 9.6，船ぱく 7.1，魚と貝類 4.3，金属製品 3.6，その他 33.0

2018年 81兆4788億円：機械類 37.6%，自動車 15.1，自動車部品 4.9，鉄鋼 4.2，プラスチック 3.1，精密機械 3.0，その他 32.1

▲輸出品のわりあいの変化　(2019/20年版「日本国勢図会」)

工業製品	おもな輸出額のわりあい(上位3か国・地域)
自動車	アメリカ 36.8%，オーストラリア 6.9，中国 5.2
自動車部品	アメリカ 23.3%，中国 21.8，タイ 7.6
鉄鋼	中国 16.3%，タイ 14.7，韓国 13.2，
プラスチック部品	中国 32.4%，韓国 12.1，台湾 10.6
コンピュータ部品	アメリカ 23.3%，中国 17.6，香港 16.3
IC(集積回路)	中国 27.6%，台湾 21.2，香港 16.3

▲おもな工業製品，輸出額のわりあい(上位３か国・地域)　(2019/20年版「日本国勢図会」)

▼中国への輸出　15.9兆円：機械類 45.8%，自動車部品 5.5，科学光学機器 5.2，プラスチック 5.2，有機化合物 4.9，自動車 4.0，その他 29.4

▼アメリカへの輸出　15.5兆円：機械類 36.3%，自動車 29.2，自動車部品 6.0，航空機部品 2.4，科学光学機器 2.2，その他 23.9

(2018年)　(2019/20年版「日本国勢図会」)

1　右の輸出品のわりあいの変化のグラフを見て，あとの問題に答えましょう。

（１つ４点）

(1) 1960年の，最も多い輸出品は何ですか。　(　　　　)

(2) 2018年の，最も多い輸出品は何ですか。　(　　　　)

(3) 1960年にはなくて，2018年になると上位をしめている輸出品のうち最も上位は何ですか。　(　　　　)

(4) 1960年と2018年を比べて，重化学工業製品のわりあいが多いのはどちらですか。　(　　　　)

1960年 1兆4596億円：せんい品 30.2%，機械類 12.2，鉄鋼 9.6，船ぱく 7.1，魚と貝類 4.3，金属製品 3.6，その他 33.0

2018年 81兆4788億円：機械類 37.6%，自動車 15.1，自動車部品 4.9，鉄鋼 4.2，プラスチック 3.1，精密機械 3.0，その他 32.1

2 右のグラフを見て，あとの問題に答えましょう。

（1つ6点）

(1) グラフの中の㋐，㋑にあてはまるものを，　　から選んで書きましょう。

㋐（　　　　） ㋑（　　　　）

鉄鋼（てっこう）　機械類　金属製品（きんぞく）　自動車

(2) グラフの中のⒶ～Ⓒにあてはまる国名を，書きましょう。 Ⓐ（　　　　）

Ⓑ（　　　　）

Ⓒ（　　　　）

(3) 輸出相手国のわりあいは，アジアの国々が60%近くをしめています。その理由として，（　）にあてはまることばを，　　から選んで書きましょう。

アジアの国々は，日本から①（　　　　）にあるため，船などでの②（　　　　）が便利なため。

加工貿易（ぼうえき）　近い地域（ちいき）　輸送　海外生産

▼中国への輸出

15.9兆円

㋐ 45.8%、その他 29.4、㋑ 4.0、有機化合物 4.9、プラスチック 5.2、科学光学機器 5.2、自動車部品 5.5

▼アメリカへの輸出

15.5兆円

㋐ 36.3%、㋑ 29.2、自動車部品 2.4、航空機部品 6.0、科学光学機器 2.2、その他 23.9

(2018年)

アジア 58.3%											
Ⓐ 19.5%	Ⓑ 7.1	台湾 5.7	香港 4.7	タイ 4.4	シンガポール 3.2	ベトナム 2.2	アジアのその他 11.5	Ⓒ 19.0	ドイツ 2.8	オーストラリア 2.3	その他 17.6

(2018年)

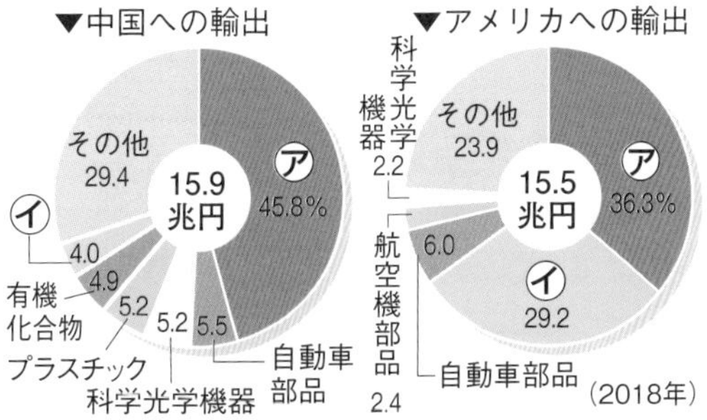

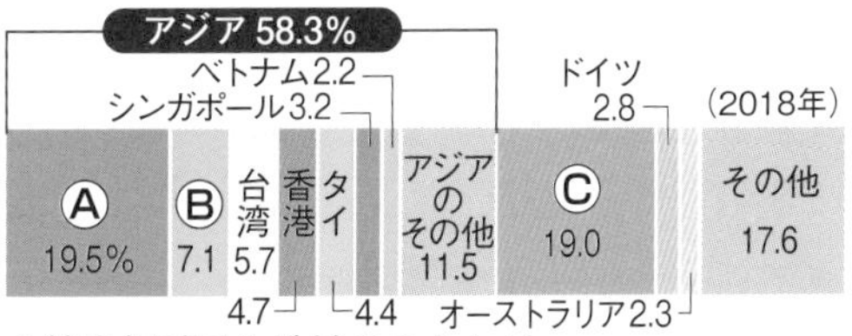

▲輸出相手国と地域のうちわけ

3 次の文章を読んで，あとの問題に答えましょう。

（1つ6点）

日本の輸出品のほとんどは，工業製品です。かつては軽工業がさかんで（ ① ）品が最も多く輸出されていました。現在（げんざい）では（ ② ）類が最も多くなっていて，その中でも㋐IC（アイシー）（集積回路（しゅうせきかいろ））など高度な技術（ぎじゅつ）を必要とする製品のわりあいが高くなっています。また，㋑自動車の輸出もさかんです。輸出相手としては，輸入相手国第1位の（ ③ ）をふくむ（ ④ ）の国々が最も多く，全体の約60%をしめます。

(1) 文中の（①）～（④）にあてはまることばを書きましょう。

①（　　　　） ②（　　　　）

③（　　　　） ④（　　　　）

(2) 下線部㋐のIC（集積回路）などの電子部品は，どのような方法で輸出されますか。次の文の（　）にあてはまることばを，　　から選んで書きましょう。

ねだんがⒶ（　　　　），小さいので，Ⓑ（　　　　）で運ばれることが多い。

高く　安く　船　航空機（こうくうき）

(3) 下線部㋑の自動車の輸出で，日本から最も多く輸出している相手国を書きましょう。（　　　　）

46 工業生産と貿易③

第３章　わたしたちの生活と工業生産

答え➡別冊解答12ペー

得点

100点

覚えよう　日本の貿易相手国

日本との貿易がさかんな国

- 近年，輸出額・輸入額とも，最も多い相手国は中国，２位はアメリカ。（→全体的にはアジアが多い）
- おもな輸出相手国はアジアの国や地域が多い。
- 燃料・原料を産出する国に加えて，今は安くて質のいい機械類をつくるアジアの国も，重要な輸入相手国である。

▼日本のおもな輸出相手国・地域　（2019/20年版「日本国勢図会」ほか）

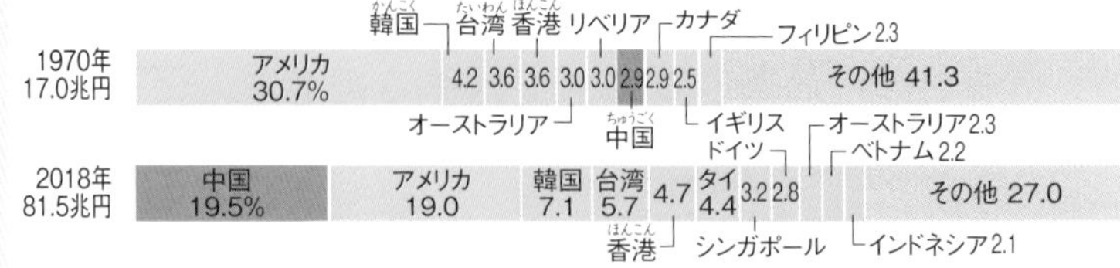

▼日本のおもな輸入相手国・地域　（2019/20年版「日本国勢図会」ほか）

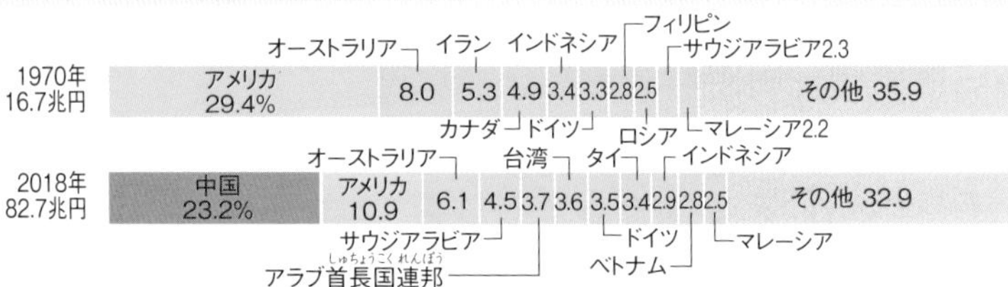

中国との貿易

- 輸出入ともに**機械類**が最も多い。
- 中国からは**衣類の輸入**が多い。

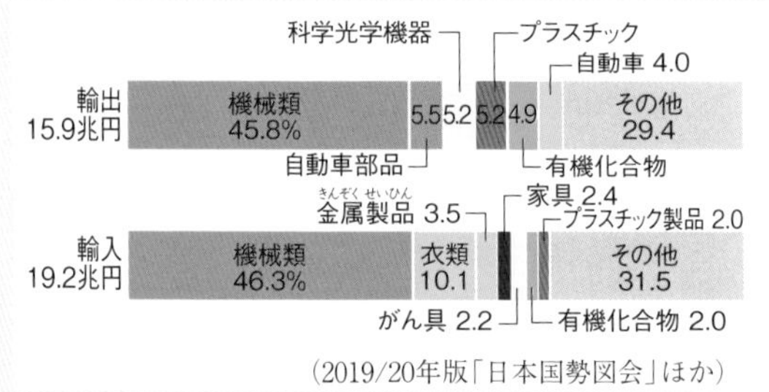

（2019/20年版「日本国勢図会」ほか）

▲日本と中国との貿易（2018年）

アメリカとの貿易

- 輸出入ともに**機械類**が最も多い。
- 日本からは**自動車の輸出**が多い。
- アメリカからは**航空機類，食料の輸入**が多い。

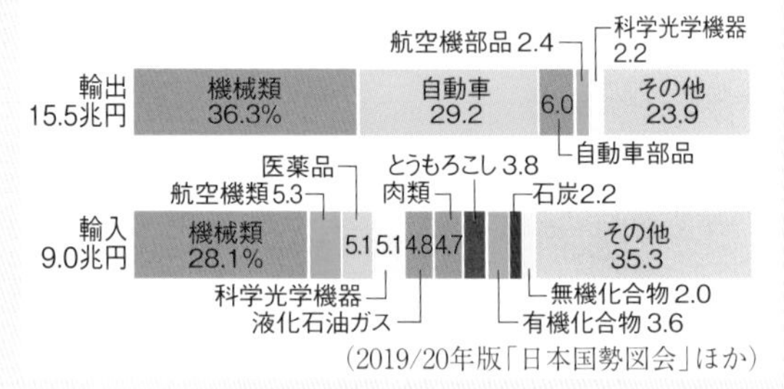

（2019/20年版「日本国勢図会」ほか）

▲日本とアメリカとの貿易（2018年）

1　現在の日本の貿易について，次の問題の答えを，［　　］から選んで書きましょう。

（１つ７点）

(1)　日本の貿易相手国のうち，日本からの輸出額が多い国は，アメリカとどこですか。

（　　　　　　）

(2)　日本の貿易相手国のうち，1970年と比べて，輸入額が急増した国は，どこですか。

（　　　　　　）

(3)　日本の貿易の比率が高いのは，世界のどの地域ですか。　（　　　　　　）

(4)　日本と(1)の国との貿易で，輸出品，輸入品ともに最も多いものは何ですか。

（　　　　　　）

アジア　　ヨーロッパ　　アメリカ　　中国　　機械類　　自動車

2 右のグラフⒶ～Ⓓを見て，あとの問題に答えましょう。

（１つ６点）

(1) 1970年に，輸出も輸入も最大だった，日本の貿易相手国はどこですか。

（　　　　　）

(2) 2018年に，輸出も輸入も最大だった，日本の貿易相手国はどこですか。

（　　　　　）

(3) 日本とアメリカとの貿易で，輸出も輸入も第１位になっているものは何ですか。

（　　　　　）

(4) 日本からアメリカへの輸出品で，多くをしめている輸送機械は何ですか。

（　　　　　）

(5) 日本と中国との貿易で，輸出も輸入も第１位になっているものは何ですか。

（　　　　　）

Ⓐ日本のおもな輸出相手国・地域　(2019/20年版「日本国勢図会」ほか)

1970年 17.0兆円：アメリカ 30.7%，韓国 4.2，台湾 3.6，香港 3.6，オーストラリア 3.0，リベリア 3.0，中国 2.9，イギリス 2.9，カナダ 2.5，フィリピン 2.3，その他 41.3

2018年 81.5兆円：中国 19.5%，アメリカ 19.0，韓国 7.1，台湾 5.7，香港 4.7，タイ 4.4，シンガポール 3.2，ドイツ 2.8，オーストラリア 2.3，ベトナム 2.2，インドネシア 2.1，その他 27.0

Ⓑ日本のおもな輸入相手国・地域

1970年 16.7兆円：アメリカ 29.4%，オーストラリア 8.0，イラン 5.3，カナダ 4.9，インドネシア 3.4，ドイツ 3.3，フィリピン 2.8，ロシア 2.5，サウジアラビア 2.3，マレーシア 2.2，その他 35.9

2018年 82.7兆円：中国 23.2%，アメリカ 10.9，オーストラリア 6.1，サウジアラビア 4.5，アラブ首長国連邦 3.7，台湾 3.6，韓国 3.5，ドイツ 3.4，タイ 2.9，ベトナム 2.8，インドネシア 2.5，マレーシア，その他 32.9

Ⓒ日本とアメリカとの貿易(2018年)

輸出 15.5兆円：機械類 36.3%，自動車 29.2，自動車部品 6.0，航空機部品 2.4，科学光学機器 2.2，その他 23.9

輸入 9.0兆円：機械類 28.1%，航空機類 5.3，医薬品 5.1，科学光学機器 5.1，液化石油ガス 4.8，肉類 4.7，とうもろこし 3.8，有機化合物 3.6，石炭 2.2，無機化合物 2.0，その他 35.3

Ⓓ日本と中国との貿易(2018年)

輸出 15.9兆円：機械類 45.8%，自動車部品 5.5，科学光学機器 5.2，プラスチック 5.2，有機化合物 4.9，自動車 4.0，その他 29.4

輸入 19.2兆円：機械類 46.3%，衣類 10.1，金属製品 3.5，家具 2.4，がん具 2.2，プラスチック製品 2.0，有機化合物 2.0，その他 31.5

(2019/20年版「日本国勢図会」ほか)

3 次の文章を読んで，あとの問題に答えましょう。

（１つ６点）

現在，日本との貿易が特にさかんなのは，Ⓐ中国とアメリカです。輸出入額が第１位の相手国は（　㋐　）です。地域としては，韓国やインドネシアなどをふくむ（　㋑　）の国々との貿易がさかんです。

(1) 文中の㋐，㋑にあてはまることばを書きましょう。

㋐（　　　　　）㋑（　　　　　）

(2) 下線部Ⓐの中国とアメリカについて，次の①～⑤にあてはまるのはどちらの国ですか。それぞれ国名を書きましょう。

① 日本からは機械類と自動車の輸出が多い。（　　　　　）

② 日本からは機械類の輸出が半分近くをしめている。（　　　　　）

③ 日本は機械類と衣類を多く輸入している。（　　　　　）

④ 日本は機械類と航空機類を多く輸入している。（　　　　　）

⑤ 1970年ごろの，日本の最大の貿易相手国だった。（　　　　　）

答え➡別冊解答12ペー

47 工業生産と貿易④

覚えよう これからの貿易

日本の貿易まさつ問題

日本の製品を大量に輸入している国では，その国でつくった製品が売れず，工業がおとろえてしまう。

➡自分の国の産業を保護するために，日本に輸出の規制を求める場合と**関税**をかける場合がある。

（関税➡輸入品にかけられる税金）

このように，**輸出と輸入のつりあいがとれていないことから起こる問題を貿易まさつという**。

貿易まさつを解消するために

- **海外の工場**で製品を生産する。

①その国の資源や労働力を使って製品をつくる。

➡その国の人の働き先ができる。さらに，その国の材料や部品が使える。

②生産した製品は，その国で売ったり，日本に輸出したりしている。

➡**その国の産業が発展**する。

- **輸出入のバランスを保つ。**

貿易は，相手国のことを考え，輸出と輸入のバランスを大きくくずさないことが大切。

▼日本の自動車の輸出台数と海外生産台数

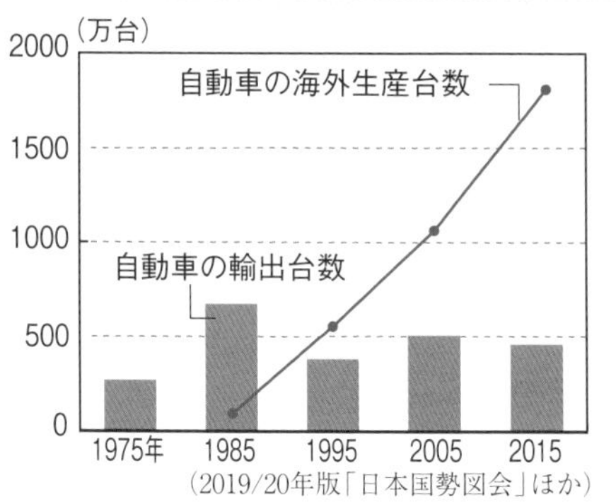

(2019/20年版「日本国勢図会」ほか)

▼日本の電気冷蔵庫の国内生産台数と海外生産台数

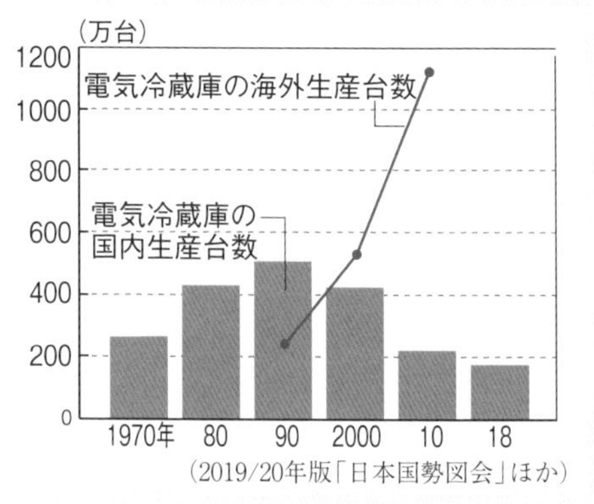

(2019/20年版「日本国勢図会」ほか)

貿易から考えるこれからの社会

日本は多くの資源を輸入にたよっているので，世界の国々と仲良くすることが大切である。また，資源にたよらない再生可能エネルギーの開発も重要である。

1 **右のグラフは，日本の自動車の輸出台数と海外での生産台数の変化を表しています。このグラフを見て，あとの問題に答えましょう。**（１つ10点）

(1) 1985年までは自動車の輸出は増えていますか，減っていますか。（　　　　　）

(2) 1995年の輸出台数と海外生産台数では，どちらが多いですか。（　　　　　）

(3) 輸出と輸入のつりあいがとれていないことから起こる問題を何といいますか。　　から１つ選んで書きましょう。（　　　　　）

加工貿易　　貿易まさつ　　200海里水域

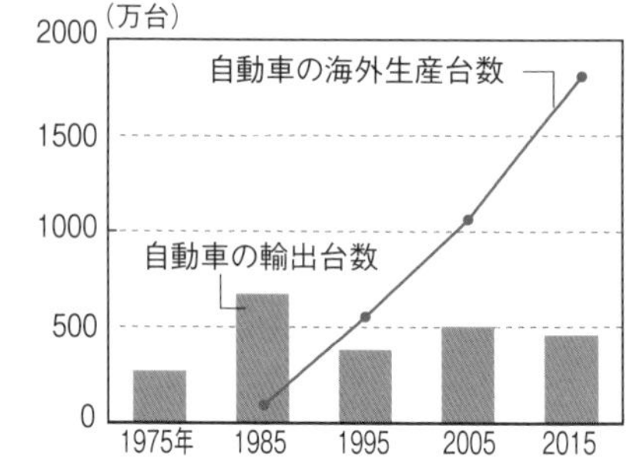

(2019/20年版「日本国勢図会」ほか)

2 右のグラフは，日本の電気冷蔵庫(れいぞうこ)の国内生産台数と海外生産台数の変化を表しています。このグラフを見て，あとの問題に答えましょう。

（1つ7点）

(1) 次の①，②は，右のグラフからわかることです。（　）にあてはまることばを書きましょう。

① 1990年の国内生産台数と海外生産台数では，（　　　　　　　　）のほうが多い。

② 2010年では，電気冷蔵庫の生産台数の多くが（　　　　　　　　）で生産されている。

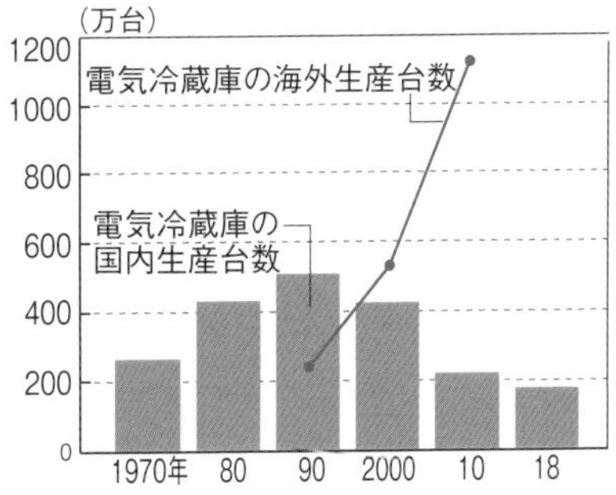

(万台)
1200
1000
800
600
400
200
0
電気冷蔵庫の海外生産台数
電気冷蔵庫の国内生産台数
1970年 80 90 2000 10 18

(2) 海外の工場で生産を行うことは，どんなよい点がありますか。次の文の（　）にあてはまることばを，　　　から選んで書きましょう。

［ 生産しているの国の人々の㋐（　　　　　　　　）が増えたり，生産している国の㋑（　　　　　　　　）の発展(はってん)にもつながる。 ］

農業　　産業　　働き先　　資源(しげん)

3 次の文章を読んで，あとの問題に答えましょう。

（1つ7点）

日本の自動車は性能(せいのう)がよく価格(かかく)も安いためⒶ大量に輸出されると，輸入が増えた国では，自国で生産した自動車が（　㋐　）なりました。そこでⒷ自国の自動車産業を保護(ほご)するために，Ⓒ日本に輸出を規制(きせい)することを求めるようになりました。これに対して，日本の自動車会社は（　㋑　）に工場をつくって，その国で自動車をつくるようになりました。世界の国々や地域(ちいき)どうしの（　㋒　）は大切ですが，相手の国や地域がより豊かになる貿易が望まれます。

(1) 文中の㋐～㋒にあてはまることばを，　　　から選んで書きましょう。

㋐（　　　　　　　　）　㋑（　　　　　　　　）　㋒（　　　　　　　　）

日本　　相手国　　売れるように　　売れなく　　自由な貿易　　技術(ぎじゅつ)

(2) 下線部Ⓐの大量に輸出された国で，日本が最も多く自動車を輸出している相手国はどこですか。

（　　　　　　）

(3) 下線部Ⓑのように，自国の産業をまもるために，外国から輸入されるものにかける税金を，　　　から選んで書きましょう。

（　　　　　　）

消費税(しょうひぜい)　　間接税(かんせつぜい)　　関税(かんぜい)

(4) 下線部Ⓒのように，輸出と輸入の不つりあいから起こる問題を何といいますか。

（　　　　　　）

答え➡別冊解答12ペ-

48 単元のまとめ

1 右の図は，自動車をつくる工場と，自動車の部品をつくる工場の関係を表しています。この図を見て，あとの問題に答えましょう。　（１つ８点）

(1) 図中の関連工場は，何をするところですか。次の文の（　）にあてはまることばを，　　　から選んで書きましょう。

〔自動車の（　　　　　）をつくる工場。〕

完成品　　部品　　車体

(2) 関連工場で注意していることを，次の㋐～㋒から１つ選んで，記号を書きましょう。　（　　）

㋐ 注文よりも多めに部品をつくってとどける。

㋑ 決められた時間に部品をとどける。

㋒ 決められた時間よりもおそく部品をとどける。

(3) 自動車工場での作業の流れの順番どおりに　　　のことばをならべかえて，（　）に書きましょう。　（全部できて８点）

（　　　）→（　　　）→（　　　）→（　　　）→（　　　）

ようせつ　　プレス　　検査（けんさ）　　組み立て　　とそう

(4) 自動車工場で，人のかわりにくり返し作業や危険（きけん）な作業を自動で行っている機械を何といいますか。　（　　　　　）

(5) 自動車工場で行われている，環境（かんきょう）に対するくふうについて，次の文の（　）にあてはまることばを，　　　から選んで書きましょう。

〔工場から出る排水（はいすい）は，再（さい）利用したり，（　　　　　　　　），海や川に流す。〕

よごれたまま　　きれいにしてから　　そのまま少しずつ

(6) 完成した自動車を，高速道路などを利用してすばやく運ぶ場合は，何を使いますか。　　　から１つ選んで書きましょう。　（　　　　　）

飛行機　　船　　キャリアカー

(7) 自動車がしょうとつしたときに，ふくらんで，乗っている人の安全を守るためのそうちを何といいますか。　（　　　　　）

2 右のグラフは，日本の各工業別の大工場と中小工場の生産額のわりあいを表しています。このグラフを見て，あとの問題に答えましょう。
（１つ４点）

(1) 中小工場のわりあいが最も高い工業は何ですか。（　　　　工業）

(2) 中小工場について，次の文の（　）にあてはまることばを，□から選んで書きましょう。

〔（　　　　　）の生産額のわりあいが高い。〕

(2016年)	中小工場	大工場
工業全体	48.3%	51.7
せんい工業	90.6	9.4
食料品工業	79.0	21.0
金属工業	58.8	41.2
化学工業	49.6	50.4
(※)工業	29.7	70.3

（経済産業省資料）

軽工業　　重化学工業

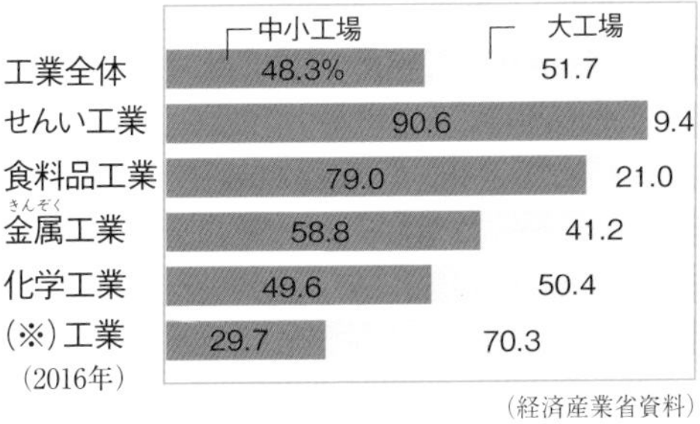

(3) (※)の工業は，自動車やコンピューターなどの製品をつくる工業です。この工業を何といいますか。（　　　　工業）

(4) 日本最大の工業地帯で，(3)の工業のわりあいが高く，特に自動車工業がさかんな工業地帯を，□から選んで書きましょう。（　　　　）

阪神工業地帯　　中京工業地帯　　京浜工業地帯

(5) 関東地方の南部から九州地方の北部にかけて，帯状に広がっている，特に工業がさかんな地域を何といいますか。（　　　　）

(6) (5)の地域の多くは，海ぞいに工場が集まっています。その理由について，次の文の（　）にあてはまることばを，□から選んで書きましょう。

〔原料や製品を船で運ぶのに必要な（　　　　）を利用しやすいから。〕

空港　　港　　高速道路

3 右のグラフは，日本の輸入品の変化を表しています。このグラフを見て，あとの問題に答えましょう。
（１つ５点）

(1) グラフ中の(※)は，プラスチックなどの原料になっている資源です。この資源の名前を書きましょう。（　　　　）

(2) グラフⒶでは，鉄鉱石などの輸入も多くなっています。原料を輸入して，つくった工業製品を輸出する貿易を何といいますか。（　　　　）

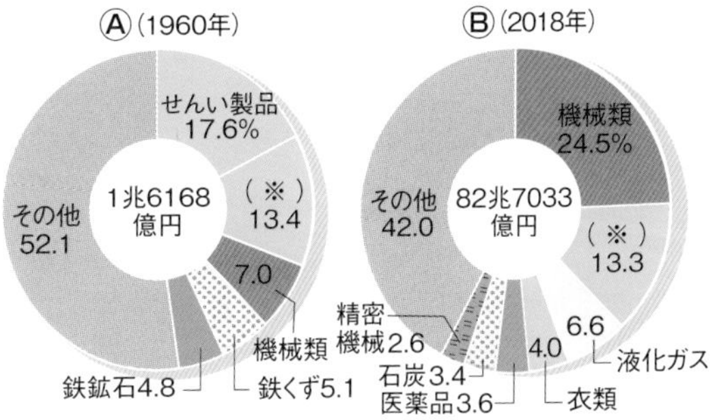

Ⓐ(1960年)　1兆6168億円
せんい製品 17.6%
(※) 13.4
機械類 7.0
鉄くず 5.1
鉄鉱石 4.8
その他 52.1

Ⓑ(2018年)　82兆7033億円
機械類 24.5%
(※) 13.3
液化ガス 6.6
衣類 4.0
医薬品 3.6
石炭 3.4
精密機械 2.6
その他 42.0

（2019/20年版「日本国勢図会」ほか）

(3) 現在，日本の最大の輸出相手国はどこですか。（　　　　）

(4) 工業製品の輸出と輸入の不つりあいから起こる問題を何といいますか。
（　　　　）

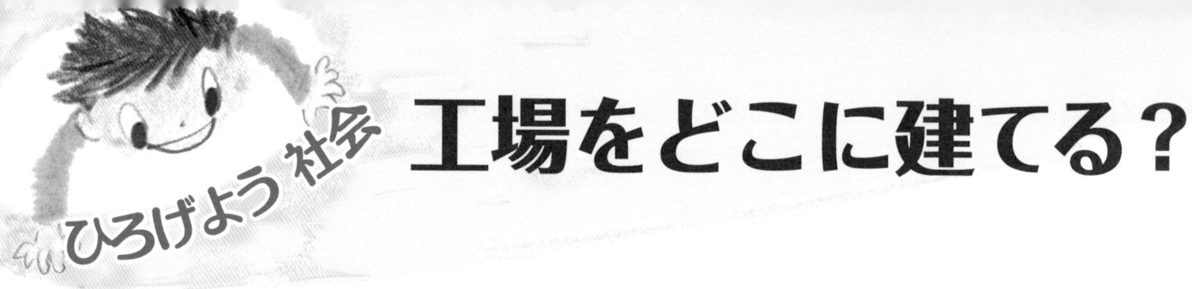

工場をどこに建てる？

太平洋ベルトと日本の工業

日本は，工業，特に重化学工業に必要な石油・石炭・鉄鉱石などの原材料が国内でほとんどとれない国です。原材料を外国からの輸入にたよらざるをえないので，それらが運びこまれる港の周辺に工場をつくることになります。

1950年代には，港を中心に急速に工業が発達していきます。そして，太平洋沿岸部に連なるように，太平洋ベルトとよばれる工業地帯・地域ができ，日本の工業の中心地となりました。その後，東京オリンピック・パラリンピックの開さいに合わせた東海道新幹線，東名高速道路の開通に続いて，日本は高速鉄道・高速道路を整備していきます。

1970年代以降，輸送の中心が自動車に移ると，高速道路や国道の近くに，工業団地が建設され，各地に新しい工業地域ができました。

・半導体工場

北陸工業地域
中京工業地帯
関東内陸工業地域
阪神工業地帯
北九州工業地域
太平洋ベルト
京葉工業地域
東海工業地帯
京浜工業地帯
瀬戸内工業地域

上の図の半導体工場の分布を見ると，工場は太平洋ベルト地帯からはなれたところにも，多く見られます。きれいな空気と水を必要とする半導体にとって環境がよい場所で，かつ輸送にも便利な高速道路の近くに工場がつくられます。

▲工業団地で製造された自動車を運キャリアカー

工業団地
高速道路
インターチェンジ

★工業地域の変化

関東地方の工業地域の変化のようすを見てみましょう。

㋐ 関東の工業地域（1960年）　　**㋑ 関東の工業地域（2010年）**

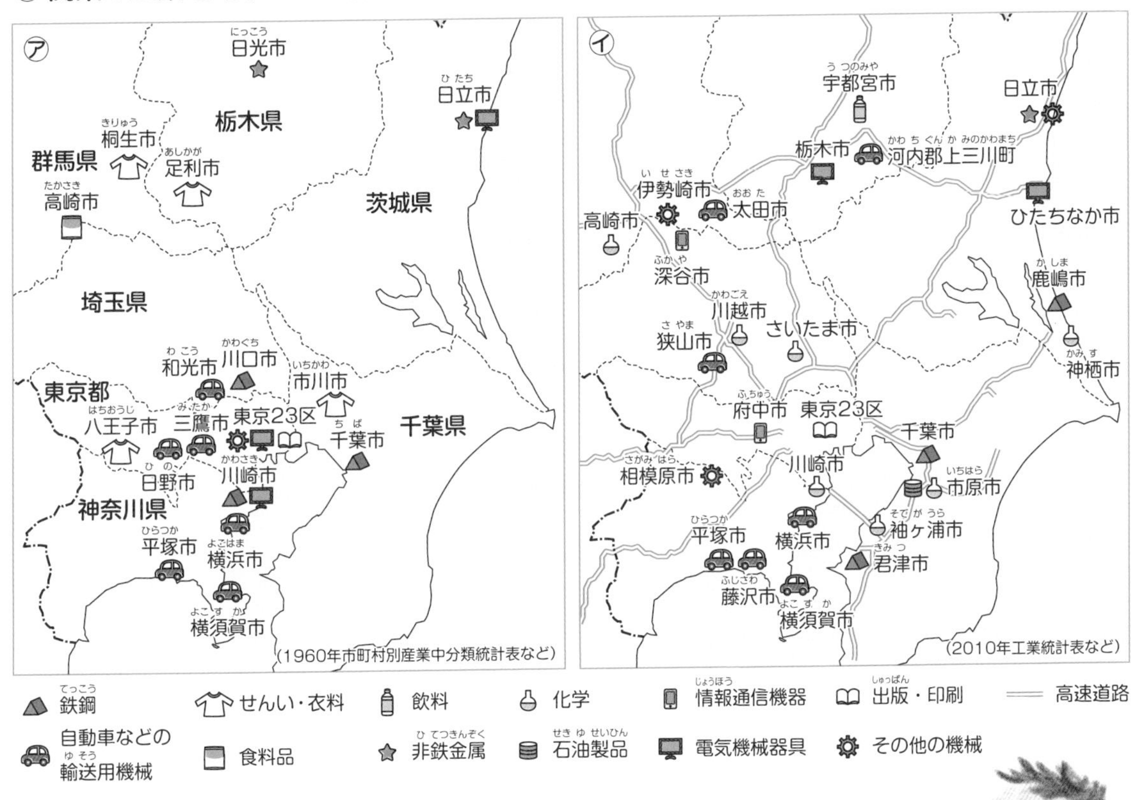

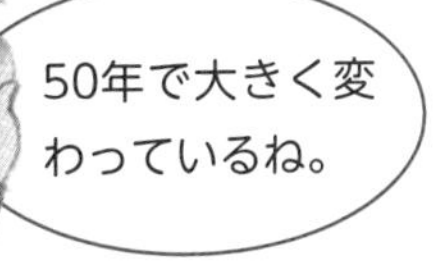

● ㋐の地図と㋑の地図をくらべると，関東の工業地域が広がっていることがわかります。このことに大きく関係していると考えられることは何でしょう。地図を見て，きづいたことをいくつでも書きましょう。

※書き方の例は別冊解答の16ページ

答え➡別冊解答13ペー

49 情報と社会①

得点

100点

覚えよう　生活の中の情報

生活の中のいろいろな情報

- **ニュース**…新しいできごとの情報。
- **気象情報**…今の気温は何度か，明日の天気はどうなるか（天気予報）などの情報。
- **しゅみや生活に関わる情報**…今日のテレビ番組の予定，ゲームソフトの発売日，コマーシャルや広告など。

ニュースであつかう情報

ニュースの中にもいろいろな種類の情報がある。

- 事件や事故の情報…いつ，どこで，どんなことがあったかなど。
- 社会の情報…国会で決まったことや，注目されている裁判など。（国会や裁判は６年生で学習）
- スポーツの情報
- そのほか，芸能情報，外国の情報など。

情報を手に入れる方法

- テレビ
- インターネット
- 新聞
- ラジオ
- 電話

そのほかに，ダイレクトメール，電光けい示板，広告のかん板，チラシなどからもさまざまな情報を手に入れることができる。

気象情報の利用例

1 次の問題に答えましょう。

（１つ６点）

(1) 次の①，②にあてはまるものを，　　からそれぞれ選んで書きましょう。

① 明日の天気はどうなるかなどの情報……………………（　　　　　　）

② 今日おこったできごとの情報……………………（　　　　　　）

コマーシャル　　ニュース　　天気予報　　広告

(2) 情報を手に入れる方法を，　　から３つ選んで，書きましょう。

（　　　　　　）（　　　　　　）（　　　　　　）

テレビ　　洗たく機　　ラジオ　　新聞　　トラクター

2

次のⒶ～Ⓕの人たちは，どのようなものから情報を手に入れようとしていますか。下の㋐～㋕からそれぞれ選んで，記号を書きましょう。 （1つ7点）

Ⓐ（　　）

Ⓑ（　　）

Ⓒ（　　）

Ⓓ（　　）

Ⓔ（　　）

Ⓕ（　　）

㋐ 時間わり表　　㋑ スーパーのチラシ　　㋒ テレビのニュース
㋓ テレビの気象(きしょう)情報　　㋔ 電車の時こく表　　㋕ 電話の時報

3

次の表は，いろいろな仕事と気象情報の利用のしかたをまとめたものです。表の中の①～④にあてはまるものを，㋐～㋔からそれぞれ選んで，下の（　）に記号を書きましょう。 （1つ7点）

仕事	気象情報をどのように利用しているか
農家	台風や，雨がどれくらいふるかによって，しゅうかくの日や水のやり方を決めている。
コンビニエンスストア	（　①　）
花屋	（　②　）
（　③　）	雨の日は，ホームがすべりやすくなるので，雨の予報が出たら，危険(きけん)な部分がないか，確(かく)にんしておく。
（　④　）	雨の日は，近くまで乗るお客さんが多くなるので，雨の予報が出たら，おつり用の小ぜにを多めに用意する。

①（　　）②（　　）③（　　）④（　　）

㋐ 気温が高くなると，花がいたむので，仕入れを減(へ)らすようにする。
㋑ 気温が高くなると，飲み物がよく売れるので，飲み物を多めに仕入れる。
㋒ 駅員　　㋓ タクシーの運転手　　㋔ 魚屋

答え➡別冊解答13ペ

50 情報と社会②

覚えよう　情報とメディア

情報を送る方法のことをメディアといい，テレビやラジオなどの放送や，新聞やざっしなどで一度に多くの人に情報を送り出す方法をマスメディアという。

メディアごとの特ちょう

（新商品のせん伝をする場合：■は送り手の利点。□は受け手の利点。）

テレビ

■音声と映像を使って伝えることができる。
□子どもやお年寄りも手軽に情報を得られる。

電車内の広告

■文字や映像などで伝えることができる。じっくり見てもらうことができる。

おかしの新商品の情報

インターネット

■文字・音声・映像を使って伝える。世界中で見てもらえる。
□知りたい情報をすばやく得られる。

ラジオ

■音や声を効果的に使って伝えることができる。
□ほかの作業をしながら内容を聞ける。

広告のかん板

■大きいので強く印象をあたえることができる。

新聞やざっしの広告

■文字や写真などでくわしく伝えることができる。
□持ち運びがしやすく，ほかの商品と見比べられる。

1　次の問題に答えましょう。

（１つ５点）

(1)　情報を伝える手だんや方法のことを何といいますか。（　　　　　）

(2)　(1)にあたるものを，［　　］から５つ選んで書きましょう。

（　　　　）（　　　　）（　　　　）
（　　　　）（　　　　）

ラジオ　インターネット　メディア　ざっし　テレビ　新聞　船

2 情報を伝える手だんについて，次の問題に答えましょう。

（1つ6点）

(1) 次の①～④の特ちょうを，右の㋐～㋓からそれぞれ選んで，線で結びましょう。

■送り手の利点　□受け手の利点

① ラジオ

② テレビ

③ 新聞の広告

④ インターネット

㋐
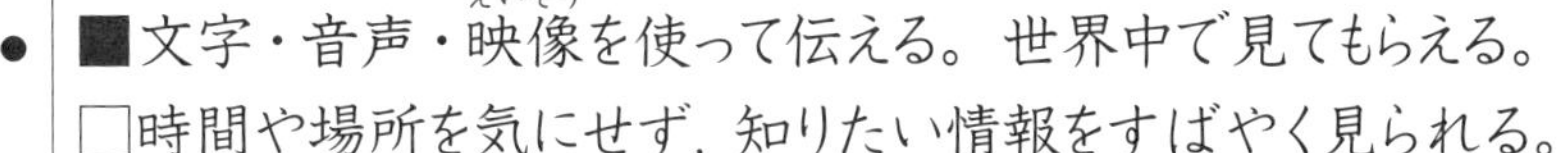
■文字・音声・映像(えいぞう)を使って伝える。世界中で見てもらえる。
□時間や場所を気にせず，知りたい情報をすばやく見られる。

㋑
■文字や写真などでくわしい内容(ないよう)を伝える。
□持ち運びがしやすい。

㋒
■音声と映像を使って伝える。
□子どもやお年寄(よ)りも手軽に情報が得られる。

㋓
■音や声を効果(こうか)的に使って伝える。
□ほかの作業をしながら内容を聞ける。

(2) ①～④のような，情報を伝える手だんや方法のことを何といいますか。

（　　　　　　　　）

3 次のⒶ～Ⓒの文章を読んで，あとの問題に答えましょう。

（1つ10点）

Ⓐ　そうじをしながら聞いていた番組のとちゅうで，おかしのコマーシャルが流れた。どんなおかしか目では見られないが，商品名は覚えてしまった。

Ⓑ　毎朝，とどいたらすぐにテレビの番組らんを見ている。今日は，その下に写真つきでおかしの広告が出ていたので，つい見てしまった。

Ⓒ　料理番組のとちゅうで，くり返しおかしのせん伝があった。人気歌手がおいしそうに食べているようすを見て，自分も食べたくなった。

(1) Ⓐ～Ⓒの人は，テレビ，新聞，ラジオのうち，どのメディアから商品の情報を知りましたか。（　）にメディアの名前を書きましょう。

Ⓐ（　　　　　　）　Ⓑ（　　　　　　）　Ⓒ（　　　　　　）

(2) Ⓑの人が見ているメディアには，どんな特ちょうがありますか。　　　から選んで書きましょう。　（　　　　　　　　）

見て，聞いて，商品を知ることができる。
いつでも見直すことができる。　ほかの作業をしながら内容を聞ける。

答え➡別冊解答13ペー

51 情報と社会③

覚えよう　気象情報が伝えられるまで

● **気象情報**…天気，気温，降水確率，花粉，台風などの情報のこと。
（降水確率 ↳雨や雪がふる確率のこと）

気象情報が伝わるまでの流れ

気象情報を集める

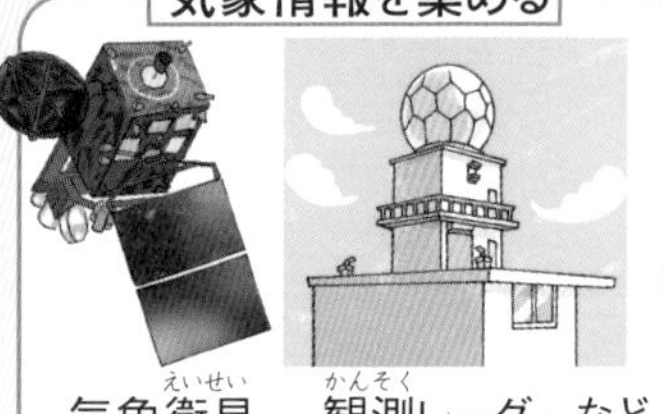

気象衛星　観測レーダーなど

アメダスの観測所
無人で地域の気温や降水量などを観測するシステム

気象情報を整理する

・予報官
➡情報を整理する。
・スーパーコンピューターなどのシステム
➡情報を分せきする。

気象情報を発表する

・気象情報
➡天気予報・天気図など
・台風情報
・特別警報・警報・注意報

気象庁，各地の気象台

メディア

テレビ
映像で解説してくれるので，とてもわかりやすい。

新聞
天気図や各地の気温の表があり，いつでも見れる。

ラジオ
何かをしながらでも，聞くことができる。

1 次の問題に答えましょう。

（1つ5点）

(1) 天気，気温，降水確率，台風，花粉などの情報を，何といいますか。

（　　　　　　　情報）

(2) 次のⒶ～Ⓒの名前を，□からそれぞれ選んで書きましょう。

Ⓐ

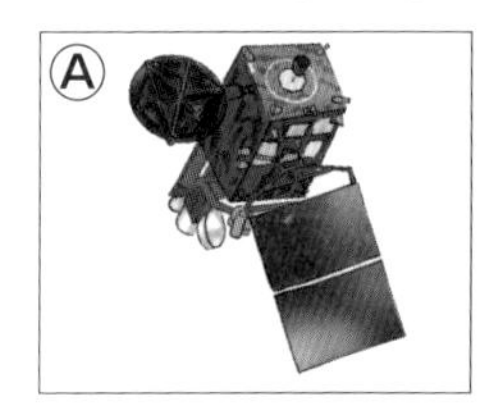

Ⓑ

Ⓒ

Ⓐ（　　　　　　　）
Ⓑ（　　　　　　　）
Ⓒ（　　　　　　　）

アメダスの観測所　気象衛星　観測レーダー

2 次のⒶ～Ⓓで働いている人たちは，気象情報を聞いて，仕事に役立てています。あとの問題に答えましょう。（１つの記号は一度しか使えません。）

（１つ８点）

(1) Ⓐ～Ⓓの人たちが利用した情報を，次の㋐～㋓からそれぞれ選んで，記号を書きましょう。　Ⓐ（　　）Ⓑ（　　）Ⓒ（　　）Ⓓ（　　）

㋐「今年の夏は，昨年よりも暑くなるでしょう。」

㋑「明日は晴れて，気温がかなり高くなります。」

㋒「台風が近づいていて，週末は海がかなりあれるでしょう。」

㋓「明日から数日間は，かんそうした天気が続くでしょう。」

(2) Ⓐの人が農作業をしながら天気予報（よほう）を知るためには，どのようなメディアを利用するとよいですか。　　から選んで書きましょう。（　　　　）

テレビ　　ラジオ　　新聞

3 次の文章を読んで，あとの問題に答えましょう。

（１つ８点）

天気や気温，降水確率などの（ ※ ）は，１日のうち何度も，つねに最新の情報が伝えられます。レーダーやアメダスの観測所などから集められた情報は，予報（よほう）官（かん）やコンピューターによって整理，分せきされます。そして，さらに，放送局などに送られ，さまざまなメディアを通じて，わたしたちに伝えられるのです。

(1) 文中の（※）にあてはまることばを書きましょう。（　　　　情報）

(2) 下線部の放送局からは，どんなメディアを通じて，気象情報がわたしたちに伝えられますか。　　から２つ選んで書きましょう。

ラジオ　　新聞　　電話　　テレビ　　（　　　　）（　　　　）

(3) （※）を聞いた人が，次の①，②のような行動をしました。それぞれどのような天気予報だったのでしょうか。㋐～㋒から１つずつ選んで，記号を書きましょう。

① コンビニエンスストア……飲み物を多く仕入れました。（　　）

② 市役所……川のていぼうがこわれていないか，調べることにしました。（　　）

㋐ 台風が上陸しました。　㋑ 明日は，暑い日になるでしょう。

㋒ けさは，花粉が多くとんでいます。

答え➡別冊解答13ペ

52 情報と社会④

得点

100点

覚えよう　災害情報が伝えられるまで

- **災害情報**…地震，津波，土石流，集中豪雨，こう水，大雪，噴火などの自然災害情報のこと。
- **防災情報ネットワーク**…情報を文字や音声，映像などですばやく伝えるサービス。緊急のときの，テレビやラジオ，インターネット，市町村の防災無線など。

➡多くの情報を「**速く・正しく・わかりやすく**」伝えることが求められる。

災害のとき役立つ情報

- **ひなん情報**…さまざまな自然災害をさけて，安全な場所にのがれられるように出す情報。国や地方公共団体や，気象庁などが出す。

➡緊急のとき役立つ情報源　➡携帯電話（スマートフォン），携帯ラジオ，ひなんマップなど。

- **緊急地震速報**…すばやいひなんができるように，**気象庁**が出す。

地震計

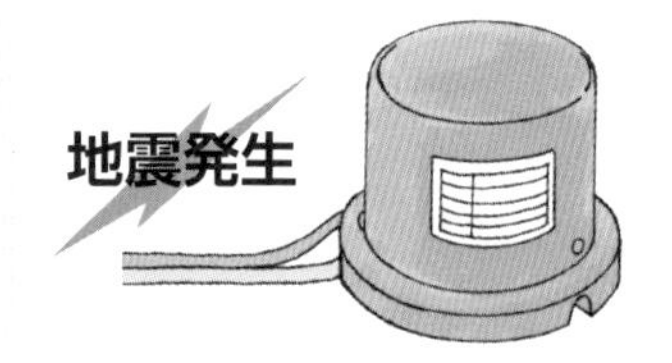

地震が発生すると，２種類のゆれ（Ｐ波とＳ波）が地面を伝わる。Ｐ波の方が速いため，地震計はまずＰ波を観測する。

気象庁

Ｐ波の情報から，大きい地震が予想されたときは，気象庁が緊急地震速報を出す。

緊急地震速報

大きなゆれ（Ｓ波）が来る前にテレビやラジオ，防災無線などですばやく伝える。

1　次の①～④は，防災情報について書かれたものです。（　）にあてはまることばを，　から選んで書きましょう。

（１つ７点）

①　災害が起こったときや大きな災害が予想されたときに，文字や音声，映像などですばやく伝えるサービスを（　　　　　　　　　）という。

②　緊急地震速報は，人々の生命と安全を守るため，すばやいひなんができるように（　　　　　　　　　）が出している。

③　自然災害をさけるために出される（　　　　　　　　　）は，安全な場所にひなんするように伝えるために出される。

④　災害などで電気などが使えない緊急のとき，情報を手に入れるのに便利なものに（　　　　　　　　　）などがある。

携帯電話（スマートフォン）　防災情報ネットワーク　ひなん情報　気象庁

2 下の絵を見て，あとの問題に答えましょう。

（1つ8点）

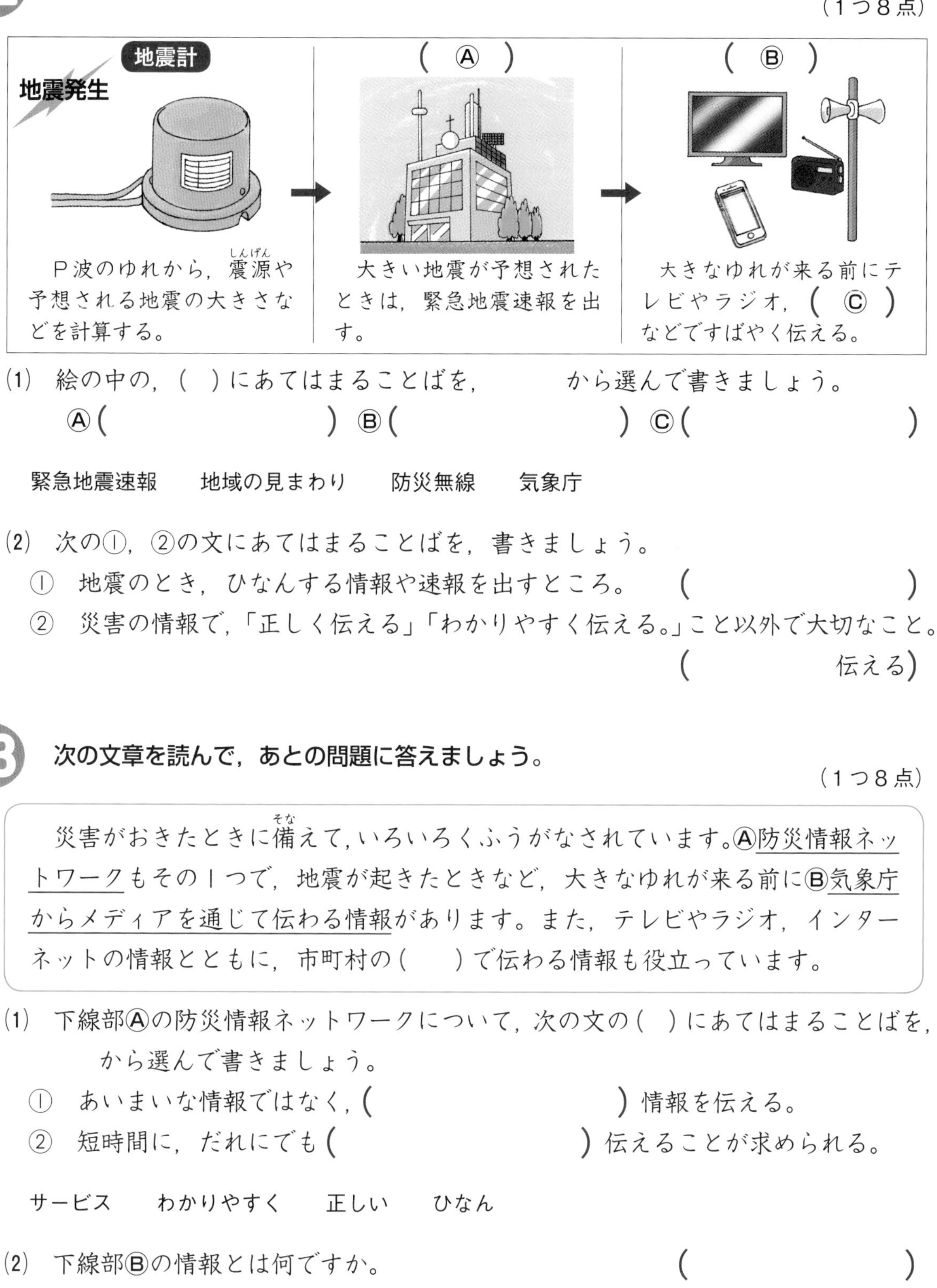

(1)　絵の中の，（　）にあてはまることばを，　　　から選んで書きましょう。

Ⓐ（　　　　　　　　）Ⓑ（　　　　　　　　）Ⓒ（　　　　　　　　）

緊急地震速報　　地域の見まわり　　防災無線　　気象庁

(2)　次の①，②の文にあてはまることばを，書きましょう。

①　地震のとき，ひなんする情報や速報を出すところ。　（　　　　　　　　）

②　災害の情報で，「正しく伝える」「わかりやすく伝える。」こと以外で大切なこと。

（　　　　　　伝える）

3 次の文章を読んで，あとの問題に答えましょう。

（1つ8点）

災害がおきたときに備（そな）えて，いろいろくふうがなされています。Ⓐ防災情報ネットワークもその1つで，地震が起きたときなど，大きなゆれが来る前にⒷ気象庁からメディアを通じて伝わる情報があります。また，テレビやラジオ，インターネットの情報とともに，市町村の（　　）で伝わる情報も役立っています。

(1)　下線部Ⓐの防災情報ネットワークについて，次の文の（　）にあてはまることばを，　　　から選んで書きましょう。

①　あいまいな情報ではなく，（　　　　　　　　）情報を伝える。

②　短時間に，だれにでも（　　　　　　　　）伝えることが求められる。

サービス　　わかりやすく　　正しい　　ひなん

(2)　下線部Ⓑの情報とは何ですか。　（　　　　　　　　）

(3)　文中の（　）にあてはまることばを，　　　から選んで書きましょう。

（　　　　　　　　）

携帯電話　　防災無線　　気象庁

答え➡別冊解答14ペ

53 情報と社会⑤

得点　　100点

覚えよう　ニュース番組が放送されるまで

放送局

番組をつくり，放送するところ。ニュース番組では，情報を**正しく**，**速く**，**わかりやすく**伝える。
ニュース番組に必要な情報は，国内だけではなく，海外からも大量に集まってくる。

ニュースの作られ方

情報を集める ➡ 情報を選ぶ ➡ 情報を伝える

情報を集める

- **取材**…ある物事や事件などから，ニュースの材料となる情報を集める。
  （→事件・事故，スポーツ，外国の情報など）
- **記者**…物事や事件に関係する人から話を聞き，情報を集める。
- **カメラマン**…ニュースに必要な写真や映像をさつえいする。

- **中継車**…カメラやアンテナを備え，ニュース現場の現在のようすを伝えることや，映像の編集や発信ができる。

情報を選ぶ

- **打ち合わせ**…編集責任者を中心に，どの情報が重要かを判断したり，番組の内容を検討したりする。（取材の前や取材中に行われることがある。）

- **編集**…集まった映像を放送時間内におさまるようにまとめる。
  また，画面に出す字幕やグラフなどを，コンピューターでつくる。

情報を伝える

- **放送**…放送の予定にしたがって，ニュースをわかりやすく正確に伝える。

目や耳の不自由な人に対するくふう

- 手話や文字を画面に入れる。
- 映像の説明を音声でも流す。

1 次の問題に答えましょう。

（１つ８点）

(1) ニュースなどの番組をつくり，テレビやラジオを通じて放送しているところを何といいますか。（　　　　）

(2) ①情報を集める，②情報を選ぶ，③情報を伝える，にあてはまる仕事を，□から選んで書きましょう。

① 情報を集める（　　　　）
② 情報を選ぶ（　　　　）（　　　　）
③ 情報を伝える（　　　　）

放送　取材　編集　打ち合わせ

2 次の絵は，ニュース番組が放送されるまでの仕事を表しています。これらの絵を見て，あとの問題に答えましょう。（1つ6点）

(1) 次の①～③にあてはまる仕事を，絵の中から選んで書きましょう。

① 集まった映像（えいぞう）を放送時間内におさまるようにまとめる。（　　　　）

② どの情報が重要かを判断（はんだん）したり，番組の内容（ないよう）を話し合ったりする。（　　　　）

③ ある物事や事件（じけん）などから，ニュースの材料となる情報を集める。（　　　　）

(2) 次の（　）にあてはまることばを，［　　］から選んで書きましょう。

［　目や耳の不自由な人にもわかりやすくするため，①（　　　　）や文字を画面に入れたり，映像の説明を②（　　　　）でも流したりする。］

手話　　音声　　取材

3 次の文章を読んで，あとの問題に答えましょう。（1つ10点）

放送局は，テレビ番組を通じて，わたしたちにたくさんの情報をあたえてくれます。特にⒶニュース番組は，たくさんの情報をあつかっています。ニュース番組をつくるには，まず，材料となるⒷ情報を集めることが必要です。そして，集めた情報を選び，整理された情報を伝えます。

(1) 下線部Ⓐについて，次の文の（　）にあてはまることばを，［　　］から選んで書きましょう。

［　ニュース番組は事故や事件，スポーツなど，世の中の（　　　　）を伝える番組である。］

うわさ　　せん伝　　できごと

(2) 下線部Ⓑのことを何といいますか。（　　　　）

(3) 次の文の（　）にあてはまることばを，［　　］から選んで書きましょう。

［　ニュース番組では，情報を，（　　　　），速く，わかりやすく伝えることが大切である。］

安く　　正しく　　安全に

答え➡別冊解答14ペー

54 情報と社会⑥

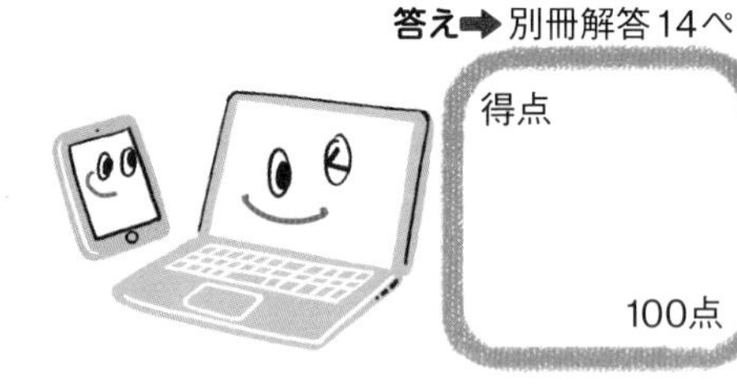

得点

100点

覚えよう ニュース番組をつくる人たち

●ニュース番組は，多くの人が，かかわってつくりあげている。

➡ニュースを**正しく**，**速く**，**わかりやすく**伝えるためにいろいろなくふうをしている。

情報を集める（取材） ➡ 情報を選ぶ（打ち合わせ・編集） ➡ 情報を伝える（放送）

●**記者**…話を聞いたり，調べたりして，ニュースの原こうをつくる。

➡いつでもすぐに出かけられるようにしている。**正確な原こう**をつくるようにしている。

●**カメラマン**…現場の映像をさつえいする。

➡見て**わかりやすい映像**をとるようにしている。

取材をするときの注意

ニュースが流れることによって，取材された人のくらしにえいきょうをあたえる場合もある。

➡**取材される人の立場**を考え，十分調べてから原こうをつくる。

●編集責任者…どの情報が重要かを判断し，放送する内容や，放送する順番などを決める。

➡**番組全体のバランス**や進行に気をつけている。

●**編集者**…集まった映像を，放送時間内におさまるようにまとめる。

➡ニュースを**放送時間内におさまるようにまとめ**，見る人がすぐにわかるような映像にしている。

●**アナウンサー**……ニュースの原こうを読んで伝える。

➡ニュースを**わかりやすく**，**正確に**伝えるようにしている。

●**キャスター**…ニュースを読み，解説をしながら番組を進める。

➡時には，**自分の意見もまじえながら**ニュースをわかりやすく，正確に伝えるようにしている。

●**ディレクター**…番組進行の責任者。放送中は，番組全体に気をくばり，指示を出す。

➡予定通り進行しているか，**時間**に気をつけている。

1 次の①～④の仕事をしている人を，　　から選んで書きましょう。

（１つ７点）

① ニュースを読む。　（　　　　　）

② 番組進行の合図を出す。　（　　　　　）

③ ニュースの原こうをつくる。　（　　　　　）

④ 現場の映像をさつえいする。　（　　　　　）

記者　　カメラマン　　編集者　　ディレクター　　アナウンサー

2 次の絵は，いずれもニュース番組を放送するときに行われる作業を表しています。これらの絵を見て，あとの問題に答えましょう。

（1つ8点）

(1) 次の①〜③の人がおもにかかわっている仕事を，絵の中から選んで書きましょう。

① ディレクター（　　　　　）② 記者（　　　　　）③ 編集者（　　　　　）

(2) 取材で，映像をさつえいする人を何といいますか。（　　　　　）

(3) 放送で，キャスターやアナウンサーが注意していることについて，次の文の（　）にあてはまることばを，　　　から選んで書きましょう。

［原こうをていねいに読み，ニュースを（　　　　　　　　）伝える。］

できるだけわかりやすく　　できるだけ早口で

3 次の文章を読んで，あとの問題に答えましょう。

（1つ8点）

ニュース番組をつくっている人たちには，それぞれ役わりがあります。Ⓐ取材では，（　①　）がいろいろな人に話を聞き，ニュースの原こうをつくっています。打ち合わせでは，Ⓑ編集責任者（せきにんしゃ）やキャスターの人たちが集まり，取材した情報（じょうほう）から，何を，どのように放送するかや，放送する順番などを決めています。スタジオでは，番組進行の合図をする（　②　）が，つねに時間を気にして指示（しじ）を出しています。

(1) 文中の（①），（②）にあてはまることばを書きましょう。

①（　　　　　　）②（　　　　　　）

(2) 下線部Ⓐの取材をするときに注意することは何ですか。次の文の（　）にあてはまることばを，　　　から選んで書きましょう。

［取材された人をきずつけることがないように，相手の（　　　　）をよく考える。］

うわさ　　立場　　服そう

(3) 下線部Ⓑの編集責任者は，仕事でどのようなことに気をつけていますか。次の文の（　）にあてはまることばを，　　　から選んで書きましょう。

［ニュースの内容や，番組全体の（　　　　　）。］

バランス　　せん伝　　メディア

答え➡別冊解答14ペ-

55 情報と社会⑦

得点

100点

覚えよう　身近な産業における情報活用

人々のくらしに欠かすことができない情報は，身近な産業の中でも大いに活用されている。

コンビニエンスストアの情報活用

▲POSシステム

● **レジは情報の窓口**

➡レジで，商品の情報が入っているバーコードを読み取ると，売れた数や日付もふくめて記録される。これを**POSシステム**という。情報は，店のコンピューターだけでなく，本部にも送られ，不足商品の発注や，新商品の開発などに利用される。

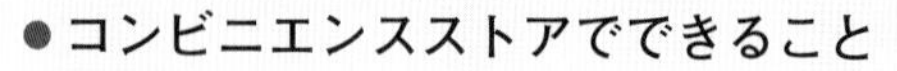

● **コンビニエンスストアでできること**

・銀行に行かなくても，お金をあずけたり，引き出したりできる。

・コピー機で，コピーはもちろん，写真プリント，各種チケットのこう入，住民票の写しなどの受け取り，大学入試の申し込みなどができる。

➡インターネットを使って，情報のしょ理や通信を行う**情報通信技術**（**ICT**）の機能を持った機器を**情報通信機器**という。

▲マルチコピー機

運輸産業に見られる情報活用

● 路線バスが，今どこにいるかが，携帯電話（スマートフォン）やコンピューターでわかる。

➡バスには，**人工衛星**からの電波を使って，位置情報を計測するシステム（**GPS**）と送受信機があり，バスの位置を携帯電話（スマートフォン）などに表示できる。

➡バスやコンビニエンスストアの配送トラック，宅配便のトラックには，GPS機能のある**カーナビゲーション**（自動車の現在地や目的地までの道すじ・きょりなどを画面に表示するそうち）がついている。

▲GPS機能

1　次の（　）にあてはまるものを，[　　　]から選んで書きましょう。

（１つ８点）

⑴　インターネットを使って，情報のしょ理や通信を行う機能をりゃくして（　　　　　　）という。

⑵　人工衛星からの電波で，位置を計測するシステムをりゃくして，（　　　　　　）という。

POSシステム　　バーコード　　ICT　　GPS

2 次の写真や図を見て，あとの問題に答えましょう。

（1つ10点）

⑴ 右の写真は，あるコンビニエンスストアのレジのようすです。レジの人は，商品についているタテ線の集まりのようなものを機械で読み取っています。このタテ線の集まりを何といいますか。

（　　　　　　）

⑵ ⑴を読み取ると，何が，いつ，いくつ売れたのかという情報が，記録されます。このシステムを何というか，　　　から選んで書きましょう。

（　　　　　　システム）

POS　　ICT

⑶ 右の写真は，コンビニエンスストアに置かれてあるコピー機の例です。①～④のうち，これを使ってできることには○を，できないことには×を書きましょう。

①（　　　）野球の観戦チケットのこう入。

②（　　　）カラーコピー。

③（　　　）住民票の写しの受け取り。

④（　　　）写真さつえい。

3 次の文章を読んで，あとの問題に答えましょう。

（1つ8点）

情報機器の１つで，今どこにいて，目的地にはどう行けばよいかを画面の地図で示（しめ）してくれる（　①　）は，多くの自動車につけられ活用されています。これはⒶ位置情報計測システムが，Ⓑある電波を受信し，①の画面に自動車の正確（せいかく）な位置を表示（ひょうじ）しているのです。

⑴ 文中の①にあてはまることばを，　　　から選んで書きましょう。

（　　　　　　）

カーナビゲーション　　テレビ　　ラジオ

⑵ 下線部Ⓐをアルファベットの大文字３文字で書きましょう。（　　　　　　）

⑶ 下線部Ⓑのある電波とは，何が発する電波ですか。（　　　　　　）

答え➡別冊解答14ペー

56 情報と社会⑧

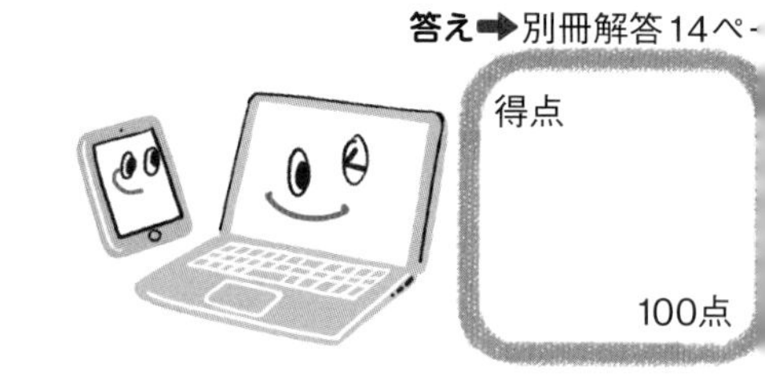

覚えよう 情報化とわたしたちの生活

情報は，わたしたちのくらしの中で役立っている。あらゆる産業はもちろん，身近なところでもコンピューターなどを使って，いろいろな情報を活用している。

いちじるしく進歩する情報の活用

● 携帯電話…けい約件数が１億７千万件をこえ，生活にかかせないものになっている。➡スマートフォンのわりあいが増えている。

〈便利な携帯電話・スマートフォン〉
- 持ち運びに便利で，どこからでも会話ができる。
- カメラがついているので，手軽に写真がとれる。
- ウェブサイトで，情報を調べることができる。
- どこにいるか，地図で表してくれる。　　など

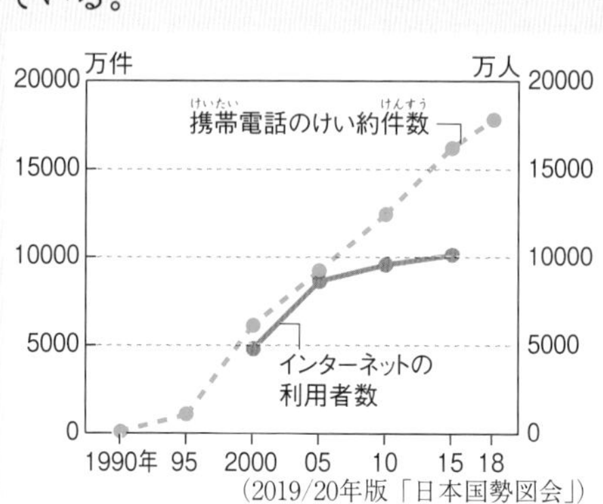

▲携帯電話のけい約件数とインターネットの利用者数

● インターネット…世界中の情報を調べることができるなど，あらゆる調べものに便利なネットワーク。

➡**情報量が多すぎる**ので，使う側の「**必要な情報の見きわめ**」が大切。

➡インターネットによる犯罪が増えている。

- **ネットショッピング**…商品などを注文して買うことができる。

ウェブサイト…インターネットを通して，さまざまな情報を受け取ったり，書きこんだりできる。最近は，インターネットの書きこみによる「いじめ」が問題になっている。

コンビニエンスストアの情報活用

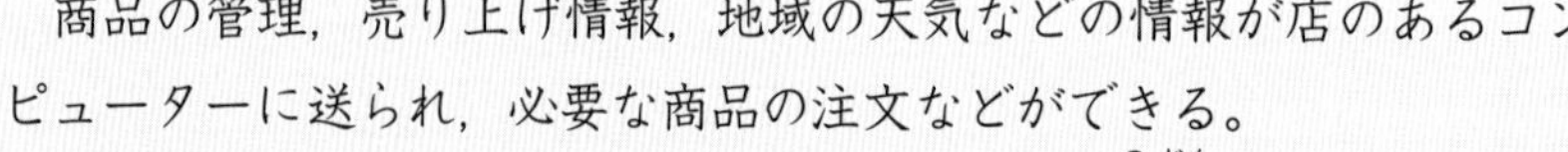

商品の管理，売り上げ情報，地域の天気などの情報が店のあるコンピューターに送られ，必要な商品の注文などができる。

➡本部では，ポイントカード等で集めた大量の個人情報や売上情報を整理して，商品の開発などに生かす。

- AI(人工知能)…コンピューターが知的な活動を行う技術。

1 携帯電話の利用で便利になったことについて，次の（　　）にあてはまるものを，から選んで書きましょう。

（１つ７点）

(1) どこにいるか，携帯電話のある位置を（　　　　　　）で表してくれる。

(2) どこでも手軽に写真がとれる（　　　　　　）がついている。

(3) 軽量で持ち運びに（　　　　　　）なので，どこからでも会話ができる。

(4) インターネットの（　　　　　　）で，いろいろな情報を手に入れることができる。

カメラ　　ウェブサイト　　インターネット　　便利　　地図

2 右のグラフを見て，あとの問題に答えましょう。

（1つ7点）

(1) 携帯電話のけい約件数とインターネットの利用者数は，増えていますか，減っていますか。

（　　　　　）

(2) 携帯電話のけい約件数とインターネットの利用者数が，最も増えたのは何年から何年の間ですか。

携帯電話（　　　年～　　　年）

インターネット（　　　年～　　　年）

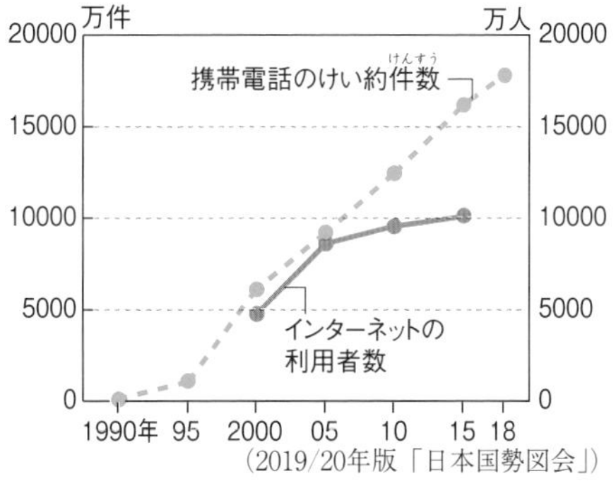

▲携帯電話のけい約件数とインターネットの利用者数

(3) 次の①～③の文は，携帯電話とインターネットについて書かれたものです。正しいものには○，まちがっているものには×を書きましょう。

①（　　）情報量が多いので見きわめが大切である。

②（　　）携帯電話は多くの人が持っているので連らくするのには便利だが，電車の中などでは通話しない。

③（　　）ウェブサイトでは，自分の名前を明かさずに意見がいえるため，友人の悪口を書きこんだ。

3 次の文章を読んで，あとの問題に答えましょう。

（1つ10点）

コンビニエンスストアでは，コンピューターを利用して，さまざまな情報を活用しています。Ⓐ売れた商品の名前や，売れた時こく，数などの情報は，（　※　）から店内のコンピューターに送られます。また，Ⓑ店内の商品の数もコンピューターで管理しています。こうした情報は本部に送られ，本部からは，ほかの店の売り上げや，Ⓒ天気予報などの情報が送られてきます。

(1) 下線部ⒶやⒷの情報は，何のために活用されていますか。　　から選んで書きましょう。（　　　　　　　　）

店の商品の種類を増やすため。　売り切れや売れ残りを少なくするため。

(2) 文中の（※）にあてはまることばを書きましょう。（　　　　　）

(3) 下線部Ⓒのような情報を本部が送ってくるのはなぜですか。次の文の（　）にあてはまることばを，　　から選んで書きましょう。

〔（　　　　　　　）を多く仕入れてもらいたいから。〕

売れにくい商品　売れそうな商品

答え➡別冊解答14ペ

57 情報と社会⑨

得点

100点

覚えよう　これからの情報活用

めざましく進歩，発展する情報を活用することは，便利で豊かな社会をつくる。

➡大量にある情報から，必要な情報を選び活用することをメディアリテラシーという。

情報を利用するときの注意点

発信する情報
- 情報を送る前に，正しいかどうかを確かめる。
- 人がつくったものは，無断で使用しない。
- **個人情報**やひみつを，勝手に流さない。

受け取る情報
- 必要な情報を選んで使う。
- 必要のない情報は受け取らない。
- 情報が本当に正しいかどうか確かめる。

コンピューターとインターネットの利用

● インターネット…世界中の情報機器をつないで情報のやり取りができるようにするしくみ。

インターネットでできること（※スマートフォンもインターネットを利用できます。）
- 世界中の情報を見ることができる。
- **情報を発信**できる。
- **電子メール**で，文字や映像・音声のやりとりができる。
- 商品を買ったり売ったりできる。
- SNSを通じて交流する。

インターネットでのトラブル
- ウェブサイトの**けい示板**に個人情報がのってしまう。
- 差出人のわからない電子メールが大量にとどく。
  ➡むやみに住所や連らく先などを書きこまない。
- ウェブサイトの広告で買った商品が不良品だった。
- けい示板やSNSを利用した**いじめ**が問題になっている。
  ➡人の悪口を書きこむことは犯罪になる。

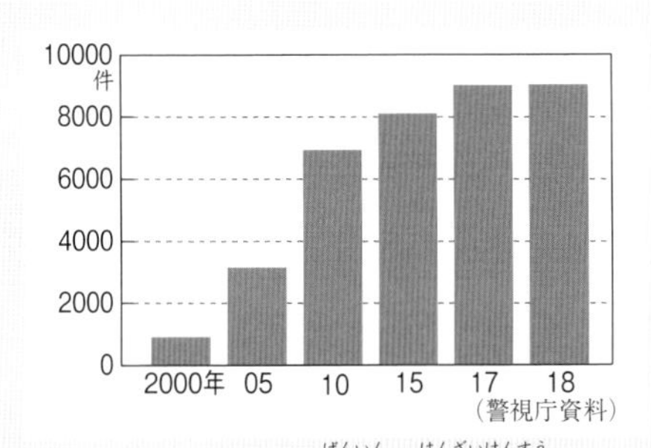

▲インターネットが原因の犯罪件数

個人情報の流出…氏名，住所，年令など，その情報によって特定の人がわかる。個人情報がもれると，犯罪などのひ害にあいやすい。

SNS（ソーシャル・ネットワーキング・サービス）…インターネット上で社会的なつながりをつくりだせるサービス。

1 次の①～④は，インターネットでできることです。（　　）にあてはまることばを，から選んで書きましょう。（１つ５点）

① 世界中の（　　　　　　　　）を見ることができる。

② 手紙の代わりに文字や映像を（　　　　　　　　）で送ることができる。

③ 世界中に（　　　　　　　　）することができる。

④ （　　　　　　　　）の売買ができる。

情報を発信　　ウェブサイト　　商品など　　プロバイダ　　電子メール

2 右のグラフと文章を見て，あとの問題に答えましょう。

（１つ10点）

(1) インターネットが原因の犯罪の件数は，2000年と比べて2018年は，約何倍に増えていますか。

（　　　　　　）

(2) (1)の犯罪について，次の文の（　　）にあてはまることばを，［　　］から選んで書きましょう。

インターネットが原因の犯罪が増えていることは，パソコンや①（　　　　　）のふきゅうと関係があります。また，インターネットの②（　　　　　）を利用したいじめも，社会問題になっています。

SNS　　個人情報　　携帯電話　　メディア

(3) 文章中のⒶ，Ⓑにあてはまることばを書きましょう。　Ⓐ（　　　　　）Ⓑ（　　　　　）

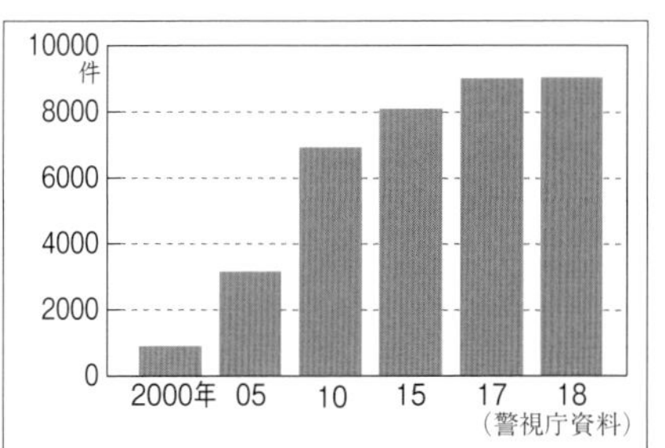

▲インターネットが原因の犯罪件数

（　Ⓐ　）の流出…氏名，住所，年令など，その情報によって特定の人がわかる。（　Ⓐ　）がもれると，（　Ⓑ　）などのひ害にあいやすい。

3 次の文章を読んで，あとの問題に答えましょう。

（１つ10点）

現在，わたしたちのくらしは，さまざまな情報を活用することで，便利で豊かになっています。特に，最近は（　※　）がふきゅうし，コンピューターで世界中のウェブサイトを見ることができるようになりました。しかし，情報の中には正しいものだけではなく，まちがったものもあります。これからは，情報をじょうずに選び活用していくことが大切です。

(1) （※）にあてはまるしくみを何といいますか。　（　　　　　）

(2) 次の㋐～㋒は，ウェブサイトをつくって，情報を発信している人の話です。トラブルを防ぐ人の話を１つ選んで，記号を書きましょう。　（　　）

㋐ 「きらいな人がいるので，その人の悪口と住所をのせてしまおう。」

㋑ 「ほかの人の住所や電話番号は，のせないようにしています。」

㋒ 「わざと，うその情報をのせて，みんなをこまらせてみたいな。」

(3) 文章中の下線部のように，情報を活用することを何といいますか。［　　］から選んで書きましょう。　（　　　　　）

SNS　　インターネット　　メディアリテラシー

答え➡別冊解答14ペ

58 単元のまとめ

得点　　　100点

1 次の図は，ニュース番組が放送されるまでの流れを表しています。この図を見て，あとの問題に答えましょう。（１つ７点）

情報を集める ➡ 情報を選ぶ ➡ 情報を伝える

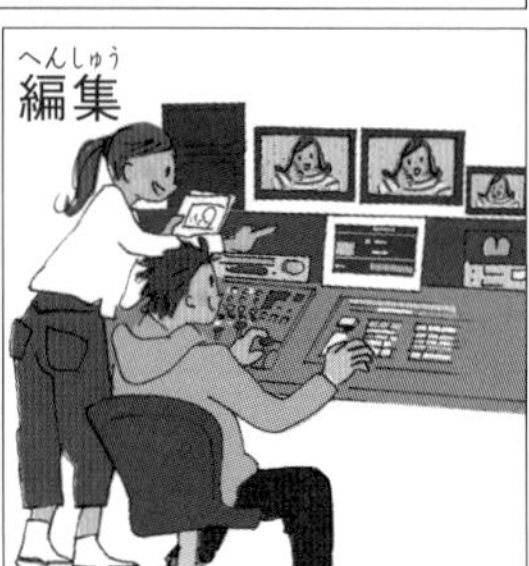

(1) 図中の（①）では，記者やカメラマンがニュースの材料となる情報を集めます。このような作業を何といいますか。（　　　　　）

(2) 集まった情報は，編集責任者を中心とした打ち合わせにかけられます。このときに注意していることを，　　　　から選んで書きましょう。
（　　　　　　　　　　　　　　　　　　）

見てわかりやすい映像をとること。　番組全体のバランスと進行。
ニュースをわかりやすく正確に読むこと。

(3) ニュース番組を放送する流れの中で大切なのは，どのようなことですか。次の文の（　）にあてはまることばを書きましょう。
〔情報を，（　　　　　　），速く，わかりやすく伝えること。〕

(4) ニュース番組の天気予報を聞いた人が①，②の行動をとりました。それぞれどのような予報を聞いたか，次の㋐，㋑から選んで書きましょう。

① 漁船の船長が，港の船を防波堤にしっかり固定した。（　　）

② スーパーの店長が，あたたかいおでんを多く準備した。（　　）

㋐「明日は今年一番の冷えこみになります。」　㋑「明日，台風が上陸します。」

(5) テレビやラジオ，新聞など，情報を伝えるための手だんや方法を何といいますか。
（　　　　　）

(6) (5)の中で，テレビの特ちょうを，次の㋐～㋒から選んで，記号を書きましょう。

㋐ 時間や場所を気にせず，知りたい情報をすばやく見ることができる。

㋑ 近くを通る人にいつでも見せることができる。

㋒ 映像と音声で商品の情報を知ることができる。（　　）

2 **右の図は，コンビニエンスストアの情報の流れを表しています。この図を見て，あとの問題に答えましょう。** （1つ7点）

(1) 図中の(※)の情報について，次の文の(　)にあてはまることばを，［　］から選んで書きましょう。

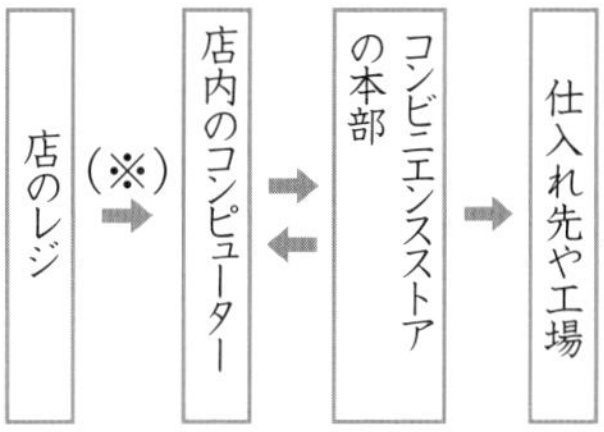

（　　　　　　　　　　　　），
という売り上げ情報が流れます。

店のレジ →(※)→ 店内のコンピューター ⇄ コンビニエンスストアの本部 → 仕入れ先や工場

店内にいる人の数　地域（ちいき）のその日の天気　いつ，何が，いくつ売れた

(2) お店から商品の注文を受けたコンビニエンスストアの本部は，その注文にこたえるために，どこに連らくを入れますか。図の中から選んで書きましょう。

（　　　　　　）

(3) お店に，本部から次のような情報が送られた場合，お店はどんな商品を多く仕入れますか。次の㋐～㋒から１つ選んで，記号を書きましょう。（　　）

「明日は快晴（かいせい）で気温は30度をこえるでしょう。また，近くで運動会があります。」

㋐ 雨具　㋑ 使いすてのカイロ　㋒ 冷たい飲み物

3 **次の①～⑥の文は，いろいろな情報システムについて書かれたものです。それぞれにあてはまるものを，［　］から選んで書きましょう。** （1つ5点）

① 「明日は晴れてむし暑くなります。」「台風が接近（せっきん）していますので，大雨に注意をしてください」などと，ニュースで流す。（　　　　）

② 震源（しんげん）から伝わるP波を観測（かんそく）をして，すばやいひなんができるように気象庁（きしょうちょう）が出す。（　　　　）

③ 人工衛星（えいせい）の電波で，ものや人の位置などを計測（けいそく）する。（　　　　）

④ 氏名，年令，住所や電話番号など，その情報によって特定の人がわかってしまい，犯罪（はんざい）などの被害（ひがい）にあいやすい情報。（　　　　）

⑤ インターネットを通して，さまざまな情報を受け取ったり，書きこんだりできる。（　　　　）

⑥ わたしたちの生活時間にあった内容（ないよう）を，動画と音声で伝えてくれるので，とてもわかりやすく親しみやすい。（　　　　）

テレビ　GPS（ジーピーエス）　個人（こじん）情報　気象情報　緊急地震速報（きんきゅうじしんそくほう）　POS（ポス）システム　ウェブサイト

ひろげよう社会

ITを使ったくふう

近ごろよく聞くＩＴという言葉は，「情報技術」(Information Technology) の略語です。IT技術は，わたしたちの生活の中で見られます。一番の例は，交通系の電子マネーです。乗りかえのたびにきっぷを買う必要がなく，現金を持たなくてもよいので便利です。携帯電話やスマートフォン，パソコンのメールもITです。いつでも世界中の人に，自分の思いを伝えることができます。

テレビ・携帯電話・パソコンがいっせいにけいかい音を鳴らす，緊急地震速報もITを使っています。地震計が地震を感知したときと，実際に大きなゆれが来る，ほんの数秒の時間の差を利用して，速報を送っているのです。

IT Information Technology

産業に見られるIT

★自動車とIT

自動車業界では，自動車の自動運転やトラックの無人走行の研究が進められています。1台の自動車の自動運転を実現するには，いくつものIT技術を使います。スマートフォンにもついているGPS（人工衛星を利用した位置の計測システム）や，カメラ，赤外線などによって障害物や，走行方向を確認します。

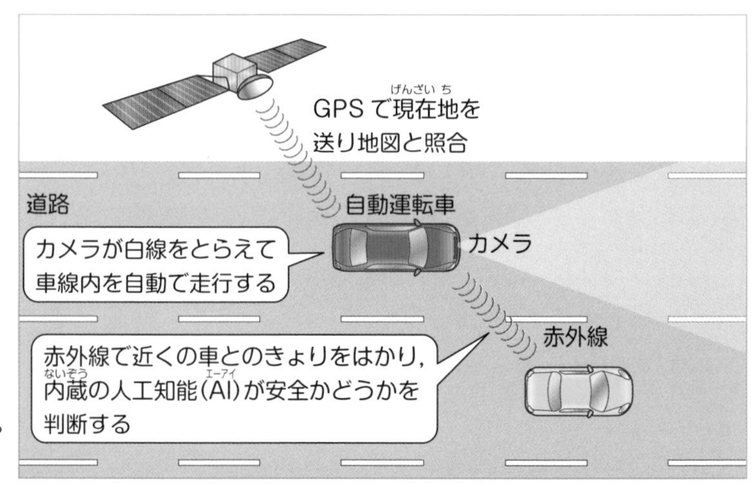

カーナビや自動ブレーキなどは，すでに装備されている車もあります。国も積極的に進めていますから，自動運転のできる自動車や無人のトラック・バスを実際に利用する日も遠くないのかもしれません。

▲ドローンで農薬をまく

▲遠隔そうじゅうの無人トラクター

▲完全自動のレタス栽培

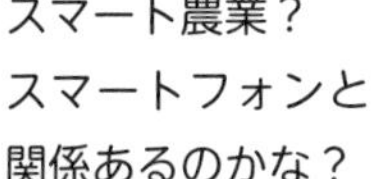

★農業でのIT活用

高れい化や後けい者不足が課題になっている農業の分野で，スマート農業が注目されています。

スマートとは英語で「かしこい」という意味で，GPSやロボット技術，情報技術，さらにはAI（人工知能）などの先端技術を活用して行う農業です。基地局からそうじゅうする無人トラクターなどの農業機械，農薬をまくためのドローン，屋内での全自動コントロールの野菜栽培などがあります。

★学校や教室でのIT

授業で使うタブレットパソコン，それぞれが使っているタブレットパソコンからデータを送ったり，文字や絵を画面に直接書きこんだりできる電子黒板も，IT技術が使われています。

携帯電話やスマートフォンには，人工衛星と通信して，位置を知らせる機能があります。

また，図書室の本を管理するしくみをつくると，読みたい本がどこにあるか，貸出中なのかなどコンピューターですぐにわかります。

考えてみよう

(1) 次の中でITではないものはどれでしょう。記号を〇でかこみましょう。

- ㋐ 自動車のナビゲーションシステム
- ㋑ スマートフォンを使って，外からスイッチを入れられるエアコン
- ㋒ 自分の手帳に明日の予定を書きこむ。
- ㋓ 学校のホームページを公開し，連らく事こうなどをのせる

(2) あなたの学校では，ITをどのように使っていますか。授業や他校との交流などを考えて，知っていることや気づいたことをいくつでも書きましょう。

※書き方の例は別冊解答の16ページ

答え➡別冊解答15ペ-

59 わたしたちの生活と環境①

得点

100点

覚えよう 自然災害を防ぐ

日本は山が多く雨の多い島国で，火山の噴火や地震，台風などの自然災害が多い。そのため，自然災害から身を守る努力やくふうが大切である。

自然災害

- **地震**…地面がゆれる。大きいものは建物や道路をこわしたり，がけくずれなどを引き起こす。
- **津波**…海底の地震や噴火などで，海水が大きく動かされ，高い波が陸地をおそう。
- 噴火…火山のばく発でよう岩やガスがふき出す。
- **台風**…海上で発生した熱帯低気圧が発達したもの。
- こう水…川の水があふれること。
- **土石流**…大雨により土砂と水がいっきにしゃ面を流れ下る。
- **集中豪雨**…局地的な大雨で，河川のはんらんや土石流などが起こる。地球温暖化のえいきょうと見られる。
- 大雪…大量の雪がふる。

自然災害から人々を守る

- **緊急地震速報**…すばやいひなんができるように，気象庁が出す。
- **防災情報・特別警報・警報・注意報**
  - ↳ネットワークシステムと連けいしている。
- **砂防ダム**…土石流が起きやすい場所につくる。
- **放水路**…下流の水害防止のためなどに分水して放流する人工の水路。
- 防災マップ…災害が起きそうな場所とひなん場所などを知らせる。
  - ↳ハザードマップともよばれる。
- **ひなん訓練**…ふだんから備えが大切。
  - ひなん場所やひなん経路を確認しておく。
  - ひなんするときに持っていくものなどを，家族で話し合う。
- ライフラインを守る。
  - ↳電気，ガス，水道など生活に絶対必要なもの。

1 次の①～④は，自然災害について書かれたものです。(　　)にあてはまることばを，から選んで書きましょう。 (1つ8点)

① 長雨や集中豪雨により，大量の水をかかえ切れなくなった土地で，土砂と水がいっきにしゃ面を流れ下るものを(　　　　　　)という。

② 夏から秋にかけて日本に大きなひ害をおよぼす(　　　　　　)は，赤道近くの太平洋上で発生した熱帯低気圧が発達したものである。

③ 地震や噴火が海底で起こると，地かく変動により生じた大波や高波が陸地をおそう。これを(　　　　　　)という。

④ 大雨や雪どけのため河川の水があふれたり，家や田畑などが水びたしになることを(　　　　　　)という。

台風　津波　地震　土石流　集中豪雨　こう水

2 次の絵を見て，あとの問題に答えましょう。

（1つ6点）

(1) 絵のようすから，これから起こると心配される自然災害を，　　から2つ選んで書きましょう。　（　　　　　）
（　　　　　）

津波　　こう水　　土石流

(2) 次の①～④の文にあてはまることばを，　　から選んで書きましょう。

① 災害時に，ひなんする情報や速報を出すところ。　（　　　　　）
② 大雨がふると土石流が起きやすい場所につくる。　（　　　　　）
③ 災害が起きそうな場所やひなん場所がわかるもの。　（　　　　　）
④ 下流の水害を防ぐため，河川の水を放流するための人工の水路。
（　　　　　）

放水路　　気象庁　　防災マップ　　ひなん訓練　　砂防ダム

3 次の文章を読んで，あとの問題の答えを，　　から選んで書きましょう。

（1つ8点）

日本は，Ⓐ火山国のうえⒷまわりを海に囲まれているために，自然災害に数多く見まわれます。災害が起こると，Ⓒ生活に大切な電気やガス・水道などが止まってしまうことがあり，そこに住んでいる人々の生活に大きなえいきょうをあたえます。また，近年はⒹ局地的な集中豪雨で，河川のはんらんなどが増えています。

(1) 下線部Ⓐの火山と関係して，毎年のように起きている地面がゆれる自然災害を書きましょう。　（　　　　　）

(2) 下線部Ⓑのまわりを海に囲まれているために起こる自然災害で，太平洋上で発生した熱帯低気圧が発達したものを何といいますか。　（　　　　　）

(3) 下線部Ⓒの生活に大切な電気やガス・水道などの設備を何といいますか。
（　　　　　）

(4) 下線部Ⓓの局地的な集中豪雨が起きる原因と考えられているものを書きましょう。
（　　　　　）

台風　　地球温暖化　　地震　　ライフライン　　土石流

答え➡別冊解答15ペ

得点
100点

わたしたちの生活と環境②

覚えよう　さまざまな公害

産業活動や交通などによって，**環境や人々の健康に害をあたえること**を公害という。

公害とその種類

- **大気のよごれ**…工場から出るけむりや，自動車から出る排出ガスなどが原因。
- **水のよごれ**…工場や鉱山，家庭などからの排水などが原因。
- **土のよごれ**…工場や鉱山からの排水，農薬などが原因。
- **そう音やしん動**…工場や建設現場，自動車や飛行機などが原因。
- **地ばんちん下**…地下水のくみ上げすぎなどで，地面がしずみ建物がかたむく。
- **悪しゅう**…化学工場やごみ，家畜などが原因。

四大公害病

名前	発生時期（場所）	原因	症状
水俣病	1953年（昭和28年）ごろ（熊本県・鹿児島県）	化学工場から流された有機水銀。	手足がしびれ，目や耳が不自由になる。死ぬこともある。
イタイイタイ病	1922年（大正11年）ごろ（富山県）	鉱山から流されたカドミウム。	ほねがもろくなり，折れやすくなる。はげしいいたみに苦しむ。
四日市ぜんそく	1960年（昭和35年）ごろ（三重県）	石油化学工場などから出されたけむり。	息苦しく，のどがいたみ，はげしいぜんそくの発作が起こる。
新潟水俣病	1964年（昭和39年）ごろ（新潟県）	化学工場から流された有機水銀。	手足がしびれ，目や耳が不自由になる。死ぬこともある。

水俣市の環境都市づくり

水俣市では，ごみをリサイクルしてごみから資源を集め，それをお金にするシステムをつくっている。

公害を防ぐ取り組み

公害は，産業の発展や開発をゆう先して，環境への影響を考えないために起こった。今後は，ごみの分別や資源の節約，自然保護を行うことが大切である。

1　次の(1)～(5)にあてはまる公害の名前を，　　　から選んで書きましょう。

（１つ８点）

(1) 工場のけむりや，自動車の排出ガスなどで，空気がよごれる。（　　　　）
(2) 工場や家庭などからの排水で，川や海などがよごれる。（　　　　）
(3) 農薬や，工場，鉱山からの排水で，土地がよごれる。（　　　　）
(4) 地下水のくみすぎなどで，建物がかたむく。（　　　　）
(5) 化学工場やごみ，家畜などが，いやなにおいを放つ。（　　　　）

地ばんちん下　　悪しゅう　　土のよごれ　　大気のよごれ　　水のよごれ

2 右の地図は，四大公害病が起こった場所を表しています。この地図を見て，あとの問題に答えましょう。

（1つ8点）

(1) 次の①～③を原因とする公害病を，地図中から選んで書きましょう。

① 化学工場が流した有機水銀

（　　　　）（　　　　）

② 鉱山から流されたカドミウム

（　　　　）

③ 石油化学工場などのけむり

（　　　　）

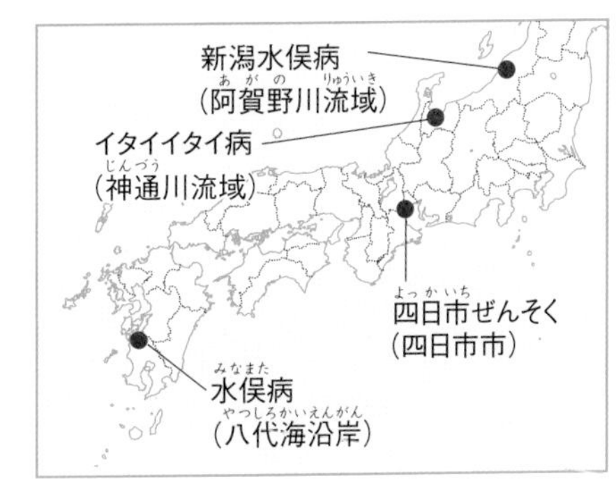

(2) 水俣病の起こった水俣市では，環境モデル都市づくり宣言をして，ごみのリサイクルを行っています。この活動のよい点を，　　　から選んで書きましょう。

（　　　　）

お金がまったくかからない。　便利な使いすて製品が増える。
資源の節約になり，環境保護につながる。

3 次の文章を読んで，あとの問題に答えましょう。

（1つ5点）

産業が発展するとともにⒶ各地で公害による病気が発生しました。熊本県の水俣市では，ある工場が流した有機水銀が原因で，水俣病が発生し，多くの人が苦しみました。裁判所は原因になった会社の責任をみとめて，ばいしょう金のしはらいを命じました。その後，水俣市では，地域の人々と市や工場が協力して，Ⓑ環境にやさしい町にするためのさまざまな取り組みを進めています。

(1) 下線部Ⓐの病気の中で，水俣病をふくむ，特にひ害の大きかった4つの公害病をまとめて何といいますか。（　　　　）

(2) (1)の病気の中で，三重県で発生した病気を何といいますか。（　　　　）

(3) 下線部Ⓐのような病気が発生した理由について，次の文の（　）にあてはまることばを，　　　から選んで書きましょう。

［工場が，地域の（　　　　）よりも生産を高めることをゆう先していたから。］

発展　環境　消費

(4) 下線部Ⓑの取り組みにあてはまるものを，　　　から選んで書きましょう。

（　　　　）

農薬を多く使う農業　使い捨て商品のふきゅう　ごみから資源を集めるリサイクル

答え➡別冊解答15ペー

61 わたしたちの生活と環境③

得点

100点

覚えよう　生活と森林

日本の森林

国土面積の約3分の2は森林。
➡近年は，**天然林**が減って，**人工林**が増えている。
└→すぎやひのきなどが多い。

▼国産木材と輸入木材のわりあいの変化

年	国産木材	輸入木材
1980年	32.9%	67.1
1990年	27.6	72.4
2000年	18.9	81.1
2010年	26.3	73.7
2017年	36.1	63.9

（2019/20年版「日本国勢図会」）

▼日本の森林面積のうちわけ

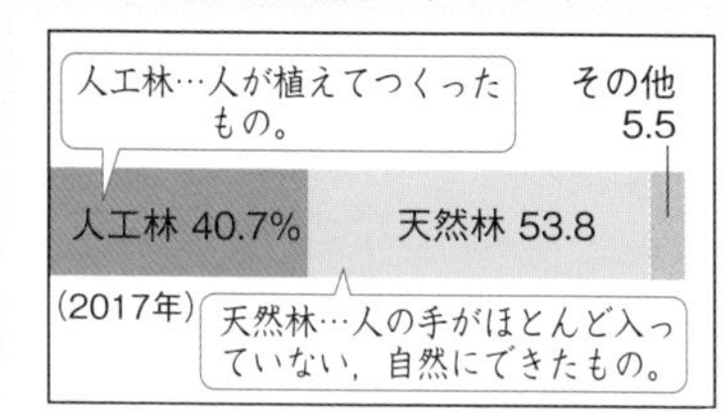

（2019/20年版「日本国勢図会」）

林業の役わり

- **林業**…森林で木を育てて，木を切って売ること。木は木材や紙の原料になったり，燃料として使われたりする。

植林から伐採までの流れ

①**植林**…育てた苗木を山に植えかえる。
②**下草がり**…木の生長をさまたげる雑草を取る。
③**除伐**…育ちの悪い木を切る。
④**枝打ち**…節のない木にするため，下枝を切る。
⑤**間伐**…光を入れるため，弱っている木を切る。
⑥**伐採**…生長した木を切る。

林業の課題

- 仕事が大変なため，後つぎ不足や高れい化で働く人が減少。
- **海外の安い木材**の輸入量のわりあいが大きい。
➡林業がふるわなくなると山があれ，人々のくらしや環境にもえいきょうが出てくる。

森林の働き

水をたくわえる…雨水をたくわえて少しずつ流すため，水不足やこう水を防ぐ。
土の栄養を保つ…落ち葉や動物の死がいを分解し，栄養分をふくんだ土をつくる。
川や海の栄養を保つ…栄養分をふくんだ土にしみこんだ雨水が，川から海へと流れ，生物を育てる。
空気をきれいにする…二酸化炭素をとりこみ，酸素をつくる。
災害を防ぐ…根が土をささえ，地すべりや土砂くずれを防ぐ。木の枝が，風や雪，砂から建物や人々を守る。
その他…動植物を養う，木材をつくる，しん動やそう音を防ぐ。

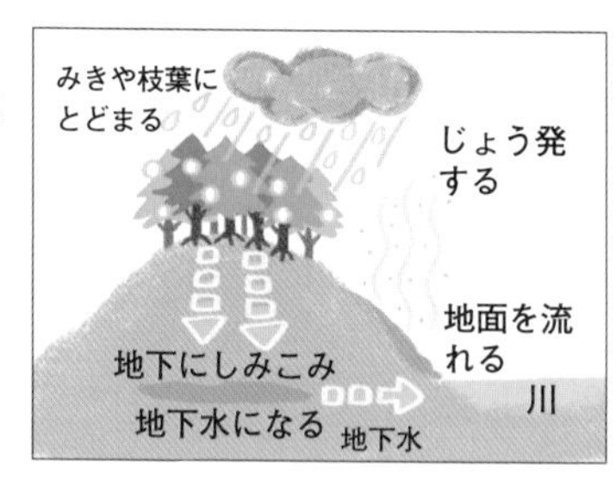

1

次の①～③は，森林について書かれたものです。（　）にあてはまることばを，から選んで書きましょう。

（１つ８点）

① 国土面積の約（　　　　　　）が森林である。

② 森林には，空気をきれいにする，災害を防ぐ，などの働きのほかに，（　　　　　　）をたくわえて，少しずつ流す働きがある。

③ 林業で働く人は，年々（　　　　　　）きている。

４分の３　３分の２　増えて　減って　水　土

2

右のグラフⒶは人工林と天然林のわりあいを，グラフⒷは国産木材と輸入木材のわりあいの変化を表しています。これらのグラフを見て，あとの問題に答えましょう。（1つ7点）

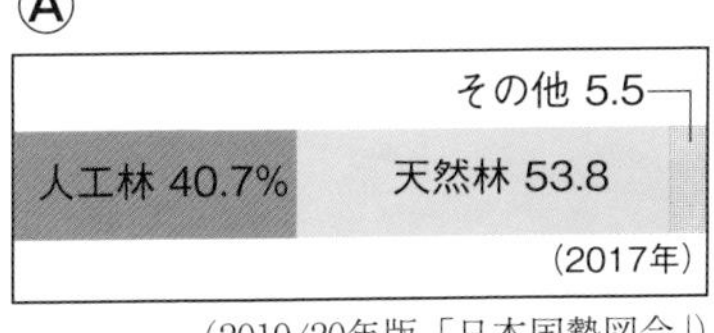

（2019/20年版「日本国勢図会」）

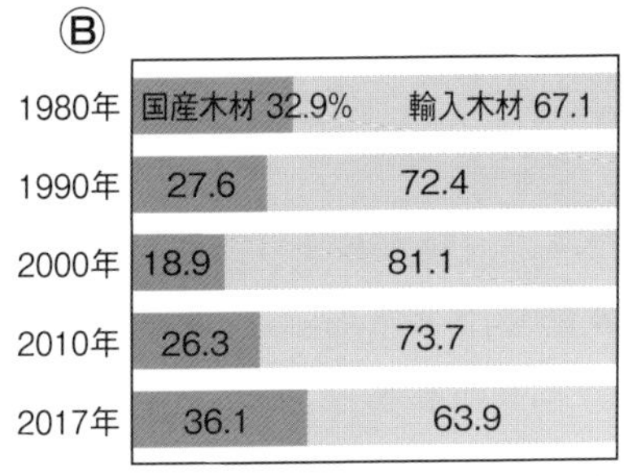

（2019/20年版「日本国勢図会」）

(1) 次の①と②にあてはまることばを，それぞれグラフⒶからさがして書きましょう。

① 人の手がほとんど入っていない森林。（　　　　）

② すぎやひのきなどの木材として使われる木が多い。（　　　　）

(2) 育てた苗木を山に植えかえることを何といいますか。（　　　　）

(3) グラフⒷを見ると，日本は木材の輸入量のわりあいが大きいです。理由を述べた次の文の（　）にあてはまることばを，　　から選んで書きましょう。

〔（　　　　）のほうが，ねだんが安いため。〕

国産木材　　輸入木材

3

次の文章を読んで，あとの問題に答えましょう。（1つ8点）

日本の国土面積の約３分の２をしめるⒶ森林には，（　①　）と（　②　）があり，（　①　）は，年々減少しています。木材や紙などの原料となる木を育てる産業を（　③　）といいますが，木材の輸入量のわりあいが大きく，働く人が減るなどの課題があります。しかし，（　③　）がふるわなくなると，森林の手入れがされず，Ⓑあれた山が増えてしまうので，さまざまな対さくが求められています。

(1) 下線部Ⓐの森林の働きを，　　から２つ選んで書きましょう。
（　　　　）（　　　　）

大気おせんを起こす。　土の栄養を保つ。　食料自給率を上げる。
水をたくわえる。　川や海をよごす。

(2) 文中の（①）～（③）にあてはまる森林の種類や，産業の名前を書きましょう。
①（　　　　）②（　　　　）③（　　　　）

(3) 下線部Ⓑのあれた山が増えると，どんな問題が起きますか。　　から選んで，書きましょう。（　　　　）

木材の輸入量が減る。　こう水や土砂くずれが起こる。　森林が増えて，耕地が減る。

答え➡別冊解答15ペ-

62 わたしたちの生活と環境④

得点

100点

覚えよう　地球のおもな環境問題

環境問題

- **森林の減少**…熱帯地方の森林が，大量に切られたり，農地にするために焼かれたりしている。
  ➡あれ地が広がり，さばく化につながる。
- **酸性雨**…工場のけむりや，自動車の排出ガス中の有害物質により，**酸性度が高くなった雨。**
  ➡木や農作物がかれる。水質が変わり，川や湖に生物がすめなくなる。

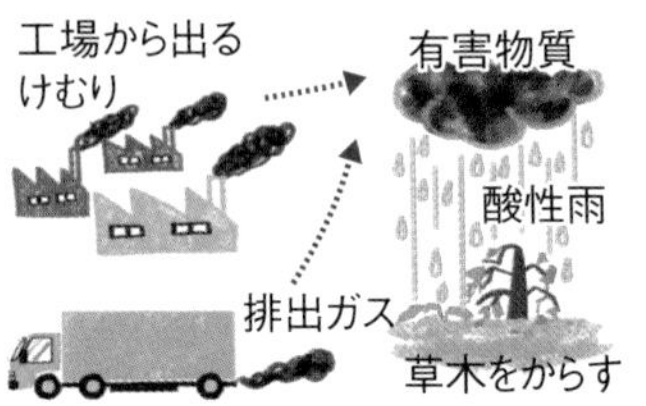

- **地球温暖化**…石油や石炭の大量消費により，**二酸化炭素**が増え，地球を温室のようにしてしまい，地球全体の気温が上がる。
  ➡気温が上がるなど気候の変化で，南極などの氷がとけ，海面が上しょうする。
- **さばく化**…かんばつに加え，**森林のはかい**などが原因で，土地の栄養分がなくなり，草原や林が消え，さばくとなってしまう。
  （かんばつ：長い間雨がふらず，かんそうする。）
  ➡さばくが広がり，生物がすめなくなる。
- **海のおせん**…大量の**油**や**生活排水**で海がよごれる。　➡魚や海鳥がすめなくなる。水産資源が減る。
- **オゾン層のはかい**…**フロン**が，オゾン層をはかいしてしまう。
  （フロン：冷ぞう庫などに使われていた，冷気を生み出すためのもの）
  ➡生物に有害な，し外線が地上にとどく。

1　次の問題の答えを，　　　から選んで書きましょう。

（１つ５点）

(1) 熱帯地方の森林は，増えてきていますか，減ってきていますか。（　　　　）

(2) 工場から出たけむりや，自動車の排出ガスなどが原因で，酸性度が高くなった雨を何といいますか。（　　　　）

(3) 地球上の二酸化炭素が増えて，地球を温室のようにしてしまい，地球全体の気温が上がることを何とよんでいますか。（　　　　）

(4) 生物に有害なし外線を防いでいるもので，近年，フロンによるはかいが問題になっているものは何ですか。（　　　　）

(5) かんばつに加え，木の切りすぎや放牧のしすぎなどが原因で，土地が作物をつくれないまでにあれてしまうことを何といいますか。（　　　　）

酸性雨　　地球温暖化　　さばく化　　オゾン層　　増えてきている　　減ってきている

2 次の表は，地球の環境問題の原因とひ害をまとめたものです。この表を見て，あとの問題に答えましょう。

（1つ5点）

原因		地球の環境問題		ひ害のようす
二酸化炭素の増加	→	①（　　）	→	（ あ ）
工場のけむりや自動車の排出ガス	→	②（　　）	→	（ い ）
フロン	→	③（　　）	→	（ う ）
大量の油や生活排水	→	④（　　）	→	（ え ）
木の切りすぎや農地の使いすぎなど	→	⑤（　　）	→	（ お ）

(1) ①～⑤にあてはまる環境問題を，　　から選んで書きましょう。

海のおせん　　さばく化　　酸性雨　　地球温暖化　　オゾン層のはかい

(2) あ～おにあてはまるものを，下のア～オからそれぞれ選んで記号を書きましょう。

あ（　　）　い（　　）　う（　　）　え（　　）　お（　　）

ア　有害なし外線が地上にとどく。　　イ　植物が育たず，生物がすめなくなる。
ウ　魚や海鳥がすめなくなる。　　エ　南極などの氷がとけ，海面が上しょうする。
オ　木や農作物がかれる。川や湖に生物がすめなくなる。

3 次の文章を読んで，あとの問題に答えましょう。

（1つ5点）

現在，地球にはさまざまな環境問題が発生しています。地表では，森林が減少してあれ地が広がり，（　※　）が進んでいます。大気中には，自動車や工場からの排出ガスをはじめとするさまざまな物質が放出され，地球環境に悪いえいきょうをあたえています。また，海や川は，油や生活排水などでよごされています。

(1) 文中の（※）にあてはまることばを書きましょう。

（　　　　化）

(2) 次の①～③にあてはまる環境問題を書きましょう。

① 有害なし外線が地上にとどく。……（　　）
② 工場や自動車から排出される二酸化炭素がおもな原因。（　　）
③ 有害物質がとけこんで酸性度が高くなった雨。……（　　）

(3) (2)の②が進むと，どのようなひ害が出ますか。　　から選んで書きましょう。

（　　　　）

魚や海鳥がすめなくなる。　　土地が水につかったり，こう水が起こる。
水質が変わり，川や湖に生物がすめなくなる。

答え➡別冊解答15ペ-

63 わたしたちの生活と環境⑤

得点

100点

さまざまな自然保護活動

● **世界遺産条約**…世界的に貴重な自然や文化財を守るための条約（国と国とがかわす取り決め）。1972年に，国連（国際連合）のユネスコ（教育科学文化機関）で決定。

➡世界遺産には，建造物などが指定される**文化遺産**，自然が指定される**自然遺産**，文化遺産と自然遺産が合わさった**複合遺産**がある。

● **ラムサール条約**…水鳥などのすみかとして大切な**湿地**を守るための条約。1971年にイラン（西アジアにある国）のラムサールで決定。

▼おもな自然保護活動

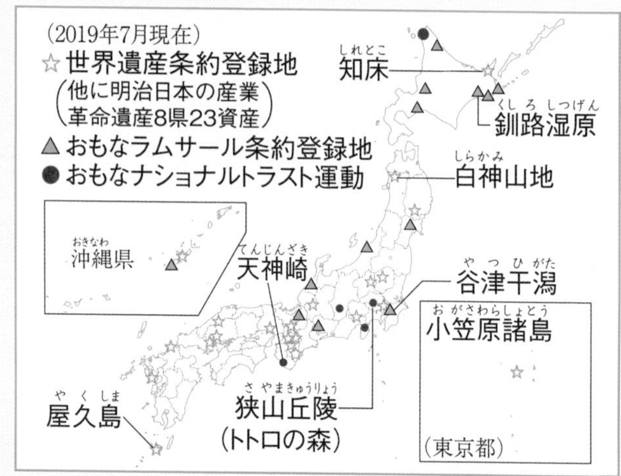

● **ナショナルトラスト運動**…人々からぼ金を集め，美しい自然や貴重な建物などを買い取って守る運動。1895年にイギリスで始まる。

身近な自然保護の活動の例

生活の中でできることを考える。

● 台所の排水口に油を流さない。➡川や海のおせんを防ぐ。

● トイレで使う紙は，再生紙を使う。➡紙の原料となる木材の消費を減らし，森林を守る。

● 自動車よりも，鉄道を多く利用する。➡自動車の排出ガスを少なくする。

1 次の問題の答えを，　　　　から選んで書きましょう。

（１つ７点）

(1) 世界的に貴重な自然や文化財を守るための条約を何といいますか。

（　　　　　　　　　　）

(2) (1)の条約で守ることが決められているのは，文化遺産と複合遺産と，あと１つは何ですか。

（　　　　　　　　　　）

(3) 水鳥などのすみかとして大切な湿地を守るための条約を何といいますか。

（　　　　　　　　　　）

(4) 人々からぼ金を集め，美しい自然や貴重な建物などを買い取って守る運動を何といいますか。

（　　　　　　　　　　）

ナショナルトラスト運動　　ラムサール条約　　世界遺産条約　　自然遺産

2

右の地図は，日本の各地にある自然保護活動の対象になっているところです。この地図を見て，あとの問題に答えましょう。　（１つ６点）

(1) 地図中のⒶ〜Ⓒは，何を示していますか。　　　から選んで書きましょう。

Ⓐ（　　　　　　　　　　　　）登録地
Ⓑ（　　　　　　　　　　　　）登録地
Ⓒ（　　　　　　　　　　　　）運動

ナショナルトラスト　　世界遺産条約
ラムサール条約

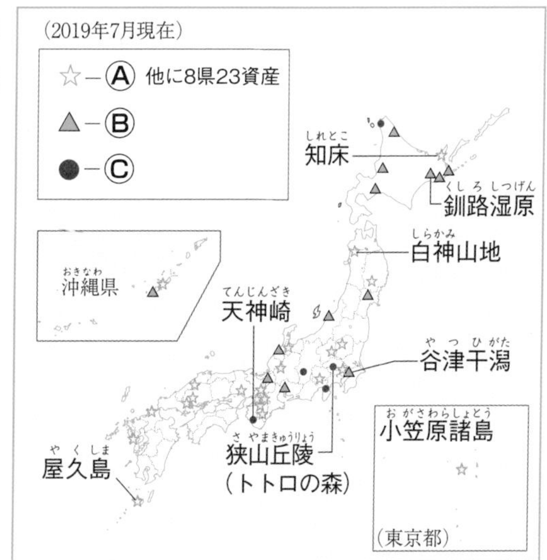

(2) 地図中のⒶ（☆）の中から，自然を保護するために登録されたところを４つ選んで，名前を書きましょう。

（　　　　　　）（　　　　　　）
（　　　　　　）（　　　　　　）

3

次の文章を読んで，あとの問題に答えましょう。　（１つ６点）

現在，世界ではⒶ自然を守るためのさまざまな活動が行われています。日本の自然も，これらの活動の対象になっており，各地にⒷ保護することが決められた登録地があります。ただ，これらの自然を守ることはもちろん大切ですが，まず，Ⓒ身近なところから自然を守るための活動を始めることも大切です。

(1) 下線部Ⓐについて，次の①，②と関係のあるものを，　　　から選んで書きましょう。

①ラムサール条約（　　　　　　）②ナショナルトラスト運動（　　　　　　）

釧路湿原　　天神崎　　白神山地

(2) 下線部Ⓑについて，日本で世界遺産条約の自然遺産に登録されている場所のうち，次の①，②にあてはまるものを　　　から選んで書きましょう。

①（　　　　　　）（北海道）　②（　　　　　　）（鹿児島県）

屋久島　　白神山地　　知床　　小笠原諸島

(3) 下線部Ⓒの活動として，資源である木材を守ることにつながることを，次の㋐〜㋒から１つ選んで，（　）に○を書きましょう。

㋐（　　）買い物をしたときにビニールのふくろをもらわない。
㋑（　　）ペットボトルは，リサイクルボックスなどの指定された場所にすてる。
㋒（　　）トイレで使う紙は，再生紙を使う。

64 単元のまとめ

答え➡別冊解答15ペ-

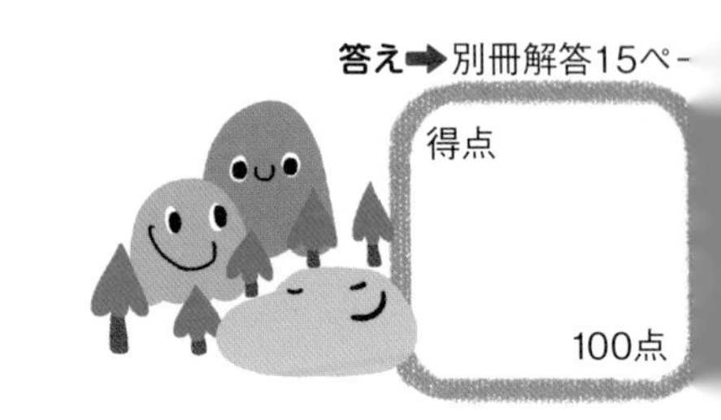

1 次の文章を読んで，あとの問題に答えましょう。

（１つ５点）

日本の国土の約３分の２をしめる森林には，環境を整えるⒶさまざまな役わりがあります。しかし，最近は森林の手入れをする人が減り，あれた山が増えていることが問題になっています。また，世界ではⒷ熱帯地方の森林が大量に切られたり，農地にするために焼かれたりして大きな問題になっています。それ以外にもⒸ多くの環境問題が起きているため，森林や水資源など，Ⓓ自然を守るためにさまざまな取り組みをしています。

(1) 下線部Ⓐの森林の役わりには，どのようなものがありますか。　　　から２つ選んで書きましょう。　（　　　　　　　）（　　　　　　　）

水をたくわえる　水はけをよくする　土の栄養を保つ　土やすなを川に流す

(2) 下線部Ⓑの問題として起こるできごとを，　　　から選んで書きましょう。

（　　　　　　　）

酸性雨が増える　さばく化　オゾン層のはかい

(3) 下線部Ⓒの環境問題のうち，最近は地球温暖化が大きな問題となっています。地球温暖化の原因の１つとなるおもな物質は何ですか。　（　　　　　　　）

(4) 下線部Ⓓの取り組みの１つとして，ユネスコが世界の貴重な自然や文化財を守るために定めた条約を何といいいますか。　（　　　　　　　条約）

2 右の地図は，日本のおもな自然保護活動が行なわれているところです。この地図を見て，あとの問題に答えましょう。

（１つ５点）

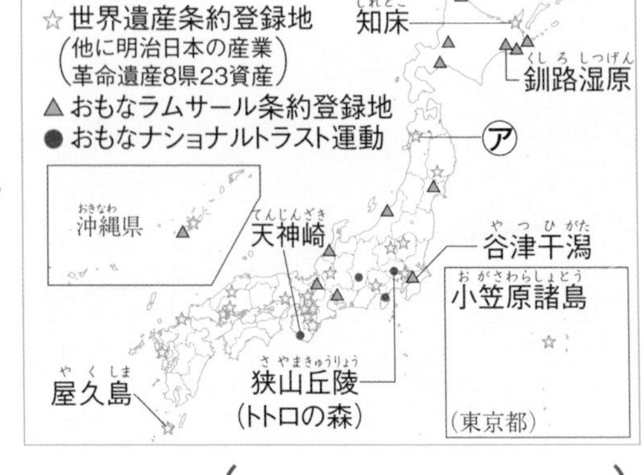

(1) 美しい自然を守るため指定された世界遺産を何といいますか。（　　　　　　　）

(2) 人々からぼ金を集め，美しい自然や貴重な建物などを買い取る運動を何といいますか。

（　　　　　　　）

(3) 水鳥などのすみかとして大切な湿地を守るための条約を何といいますか。

（　　　　　　　）

(4) 地図中㋐にあてはまる地名を書きましょう。　（　　　　　　　）

3 自然災害について，次の問題に答えましょう。

（1つ5点）

(1) 次の①～③の文にあてはまるものを，　　　から選んで書きましょう。

① 太平洋上で発生した熱帯低気圧が発達して，日本やアジアの国々に大きなひ害をあたえる。（　　　　　）

② 海底の地震や噴火で，地かくが変動を起こして生じた大波や高波が陸地をおそう。（　　　　　）

③ 集中豪雨などで大量の水をかかえ切れなくなった土地で，土砂と水がいっきにしゃ面を流れ下る。（　　　　　）

土石流　　台風　　津波　　こう水

(2) 次の①～③の文にあてはるものを，　　　から選んで書きましょう。

① 大雨がふったときなど，下流の水害を防ぐための人工の水路で，分水して放流する。（　　　　　）

② 大雨がふったときなどに，土石流が起きやすい場所につくる。（　　　　　）

③ さまざまな災害が起こったときに，ひなんする情報や速報を出す。（　　　　　）

砂防ダム　　気象庁　　防災マップ　　放水路　　ひなん訓練

4 右の地図を見て，あとの問題に答えましょう。

（1つ5点）

(1) 次の①，②の文にあてはまる公害病を，地図中から選んで書きましょう。

① 石油化学工場などから出されたけむりが原因。（　　　　　）

② 鉱山から流されたカドミウムが原因。（　　　　　）

新潟水俣病
（阿賀野川流域）
イタイイタイ病
（神通川流域）
四日市ぜんそく
（四日市市）
水俣病
（八代海沿岸）

(2) 次の①～③の公害の種類を，　　　から選んで書きましょう。

① 化学工場やごみ，家畜などが原因。（　　　　　）

② 工場や鉱山からの排水，農薬などが原因。（　　　　　）

③ 地下水のくみ上げすぎなどで，建物がかたむく。（　　　　　）

大気のよごれ　　悪しゅう　　地ばんちん下　　土のよごれ

答え➡別冊解答16ページ

得点

100点

65 5年生のまとめ①

1 右の地図を見て，あとの問題に答えましょう。

（１つ５点）

(1) 地図中の㋐の大陸名と，㋑の海洋名を，それぞれ書きましょう。

㋐（　　　　　　）

㋑（　　　　　　）

(2) 次の文の①〜④にあてはまる国名を，それぞれ地図中から選んで書きましょう。

① 世界１位の経済大国で，日本と関係が強い。（　　　　　　）

② 世界１位の14億以上の人々が住む国。（　　　　　　）

③ 移民した日系人が多く，サッカーの強い国。（　　　　　　）

④ 石油の産出量が多く，イスラム教を信じる王国。（　　　　　　）

2 右の地図を見て，あとの問題に答えましょう。

（１つ５点）

(1) 地図中のあ，いの線を何といいますか。　　から選んで，それぞれ書きましょう。

あ（　　　　）い（　　　　）

緯線　　赤道　　経線

(2) 地図中のうの島々をまとめて何とよんでいますか。（　　　　　　）

(3) 地図中から日本の東のはしにあたる島を選んで，その名前を書きましょう。（　　　　　　）

(4) 右のグラフは，地図中のどの都市のものですか。あてはまる都市の名前を書きましょう。（　　　　　　）

(5) 日本の国土の特ちょうを，　　から選んで書きましょう。

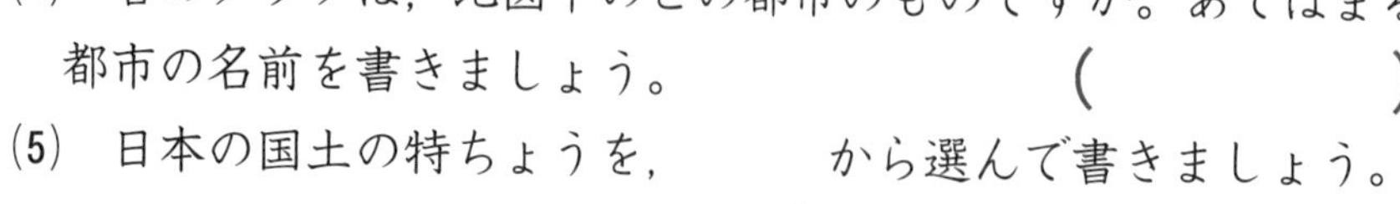

（　　　　　　）

２分の１が森林　　３分の２が森林　　４分の３が平野

（2019年版「理科年表」）

3 次のあ～えの文章を読んで，あとの問題に答えましょう。

（1つ5点）

あ　日本の農業の中心はⒶ米づくりで耕地（こうち）の約55%が田です。特に，東北（とうほく）地方や北陸（ほくりく）地方では米づくりがさかんで，Ⓑ平野や盆地（ぼんち）を中心に多くの田があります。

い　野菜は，地域（ちいき）の気候や地形に合わせてさいばいされています。また，しゅうかくした野菜をⒸできるだけ高く売るために，さまざまなくふうが行われています。

う　くだものの中でもりんごとみかんは，さいばいされる地域がはっきりと分かれています。（　①　）はあたたかい地域，（　②　）はすずしい地域に向いています。

え　Ⓓとる漁業の多くは，年々生産量が減（へ）っていますが，Ⓔ育てる漁業は増減がなだらかです。

(1) 下線部Ⓐの米づくりに適（てき）している土地について，次の文の（　）にあてはまることばを，　　から選んで書きましょう。

［田に水を引きやすい（　　　　　　　）土地。］

平らな　　森林の中の　　急しゃ面の

(2) 下線部Ⓑの平野や盆地で，米づくりが特にさかんなところを，　　から2つ選んで書きましょう。

（　　　　　　）（　　　　　　）

大阪平野　　庄内（しょうない）平野　　横手（よこて）盆地　　京都盆地

(3) 下線部Ⓒのくふうとして，高原のキャベツやレタスのさいばいではどのようなことが行われていますか。次の文の（　）にあてはまる季節を書きましょう。

［（　　　　）のすずしい気候を利用して，低地で生産が減（へ）る時期に出荷（しゅっか）している。］

(4) うの文章の（①），（②）に，くだものの名前を書きましょう。

①（　　　　　　）②（　　　　　　）

(5) 下線部Ⓓの漁業にあてはまるものを，　　から選んで書きましょう。

（　　　　　　）

沿岸（えんがん）漁業　　養しょく漁業

(6) 下線部Ⓔのよい点を，　　から選んで書きましょう。

（　　　　　　　　　）

生産量も収入（しゅうにゅう）も安定する。　　海底近くの魚をとれる。　　水産資源（しげん）を減らせる。

答え➡別冊解答16ペ

得点

100点

66 5年生のまとめ②

1 右の地図は，日本の工業のさかんな地域の分布を表しています。この地図を見て，あとの問題に答えましょう。（1つ5点）

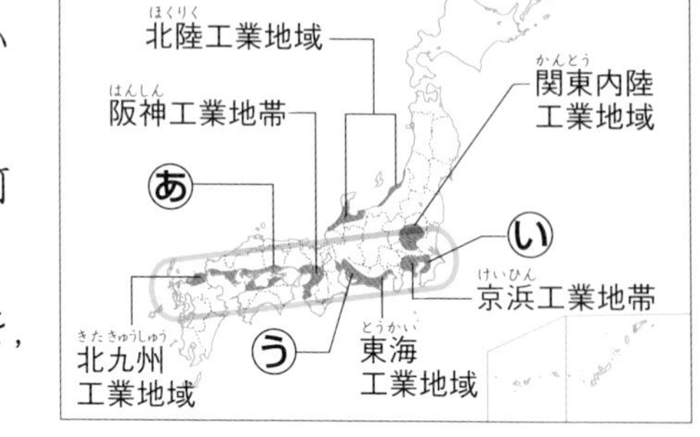

(1) 地図中の▭で囲まれたはんいは，日本でも特に工業がさかんです。この地域を何といいますか。（　　　　　　）

(2) (1)の中で，印刷工業がさかんな工業地帯を何といいますか。（　　　　　　）

(3) 次の①，②の文の（　）にあてはまることばを，それぞれ書きましょう。

① 地図中のあ，いの工業地域では，石油や薬品からプラスチックやせんざいをつくる工業がさかんです。このような工業を（　　　　　　）といいます。

② 地図中のうの工業地帯では，自動車の生産が特にさかんです。自動車の部品をつくり，自動車工場におさめている工場を（　　　　　　）といいます。

2 次の文章を読んで，あとの問題に答えましょう。（1つ5点）

日本は資源が少ないため，外国から原料を輸入し，それを加工してつくった工業製品を輸出する（　①　）で発展してきました。1960年ごろまでは，せんい品などの軽工業の工業製品が多く輸出されていましたが，現在では機械や化学などの（　②　）工業の製品が中心になっています。さらに，最近は機械類の中でもＩＣなど高度な技術を必要とする製品のわりあいが増えています。

(1) 文中の①，②にあてはまることばを書きましょう。

①（　　　　　　）②（　　　　　　）

(2) 次の①，②の文の（　）にあてはまるものを，［　］から選んで書きましょう。

① 文章中の下線部の製品を運ぶとき，輸送費が高い航空機がよく使われるのは，その製品が小さくて軽く，（　　　　　　）ため，航空機で運んでも利益が出るためです。

② 最近は，外国の工場で製品を生産する日本の企業が増えています。それによって（　　　　　　）効果が出ています。

ねだんが高い　　ねだんが安い　　日本の輸出が増える　　その国の産業の発展を助ける